PROPRIÉTÉ INTELLECTUELLE ET DROIT PUBLIC

Cet ouvrage est issu des actes du colloque du 17 novembre 2023,
organisé par le CRJ-CUERPI de l'Université de Grenoble Alpes
au Musée de Grenoble.

PROPRIÉTÉ INTELLECTUELLE ET DROIT PUBLIC

Sous la direction d'Émilie Terrier

Avec les contributions de
Jean-Michel Bruguière, Gaëlle Calvary, Isabelle Chery,
Marie Cornu, Cécile Cottier, Alexandre Delmotte,
Matthieu Dhenne, Amélie Favreau, Malvina Mairesse,
Émilie Terrier, Pascale Tréfigny, Philippe Yolka,
Bertrand Warusfel, Frédéric Wurtz

Lefebvre Dalloz

DALLOZ

2025

DALLOZ

Tour Lefebvre Dalloz
10, place des Vosges
CS90358
92072 Paris La Défense Cedex

ISBN : 978-2-247-23072-3

Sommaire

Introduction
par Émilie Terrier, *maître de conférences à l'Université Grenoble Alpes, membre du CUERPI (CRJ)* 1

PREMIÈRE PARTIE
La propriété intellectuelle, *aiguillon* de l'action publique 11

TITRE 1
La mobilisation des droits de propriété intellectuelle par les personnes publiques

Marchés publics et propriété intellectuelle
par Malvina Mairesse, *avocat au barreau de Paris, Cabinet H_2O Avocats* 15

Les marques publiques
par Pascale Tréfigny, *conseillère en service extraordinaire à la chambre commerciale, financière et économique de la Cour de Cassation* 25

Les licences d'office sous l'angle de l'action publique
par Matthieu Dhenne, *avocat à la Cour, représentant devant la Juridiction unifiée du brevet (JUB), docteur en droit* 45

TITRE 2
La valorisation des actifs immatériels des collectivités publiques

Numérisation, scan 3D, tokénisation et musées
par Jean-Michel Bruguière, *professeur à l'Université Grenoble Alpes, Directeur du CUERPI (CRJ), avocat au barreau de Paris Cabinet DDG* 57

DEUXIÈME PARTIE
Le droit public, *trublion* de la propriété intellectuelle 73

TITRE 1
Un droit public de la propriété intellectuelle en construction ?

PREMIER SOUS-TITRE
Le contentieux de la propriété intellectuelle publique

La répartition du contentieux juge administratif/juge judiciaire
par Cécile Cottier, *première conseillère à la cour administrative d'appel de Lyon, rapporteure publique à la 6e chambre* 79

SECOND SOUS-TITRE
La gestion des droits de propriété intellectuelle par les personnes publiques : entre protection et valorisation

Les propriétés publiques incorporelles
par Philippe Yolka, *professeur de droit public, Université Grenoble Alpes (CRJ)* 99

Propriété intellectuelle publique et intérêt culturel
par Marie Cornu, *directrice de recherches au CNRS, ENS Paris-Saclay, Université Paris-Saclay* 111

TITRE 2
Propriété intellectuelle et recherche

La propriété intellectuelle des chercheurs
par Alexandre Delmotte, *maître de conférences à l'Université Grenoble Alpes* 125

La propriété intellectuelle, trublion de l'innovation par la recherche publique
par Isabelle Chéry et Gaëlle Calvary, *Grenoble INP - UGA*. 137

Données publiques et transition énergétique
par Amélie Favreau, *professeure des universités en droit privé*
et Frédéric Wurtz, *directeur de recherche CNRS en génie électrique*. 151

Synthèse 165

Propriété intellectuelle et droit public : de la cohabitation à l'articulation
par Bertrand Warusfel, *professeur à l'Université Paris 8, avocat au barreau de Paris* 167

Introduction

ÉMILIE TERRIER
Maître de conférences à l'Université Grenoble Alpes, membre du CUERPI (CRJ)

La proposition de rapprocher propriété intellectuelle et droit public pourrait sembler déroutante. En effet, les enjeux de propriété intellectuelle ont longtemps été ignorés par les textes de droit public. L'on retrouve, ça et là, des références à la propriété intellectuelle à l'instar de la loi n° 92-546 du 20 juin 1992, relative au dépôt légal (qui organise la consultation des documents « dans des conditions conformes à la législation sur la propriété intellectuelle »). La question est également évoquée au sein de la loi n° 78-753 du 17 juillet 1978 instituant un droit d'accès aux documents administratifs au profit des administrés. Sur les conditions d'accès aux documents produits ou reçus dans le cadre des missions de service public accomplies par les collectivités publiques, l'article 10 du texte prévoit que les documents « sont communiqués sous réserve des droits de propriété littéraire et artistique ». Hormis ces rares exceptions, le droit public restait toutefois peu disert sur la propriété intellectuelle. L'imprégnation de la *summa divisio* droit privé/droit public dans notre système juridique a certainement contribué à entretenir ce silence. Le principe est simple : la spécificité des missions de l'administration justifie qu'elle soit soumise à un corps de règles distinct de celui des personnes privées. C'est également sur cette spécificité que repose la dualité juridictionnelle, le juge administratif constituant le juge naturel des activités publiques. Ce dualisme a conduit ces deux ordres à ne pas se croiser, « chacun étant dans sa bulle de droit et ignorant l'autre[1] ». Les droits de propriété intellectuelle ont dès lors été longtemps relégués au rôle d'instruments de droit privé.

Une nette évolution est cependant perceptible depuis la fin des années 2000 avec le développement de la place de l'immatériel en droit public. Les collectivités publiques sont incitées à prendre conscience de la richesse de leurs actifs immatériels et à mettre en place des politiques de valorisation de ces actifs restés trop longtemps à l'abandon. Ces actifs constituent le patrimoine

1. P. Sargos, « Points communs et divergences des deux ordres de juridiction », *AJDA* 1990. 585.

immatériel des personnes publiques, qui ne saurait être confondu avec le patrimoine culturel immatériel. Ce dernier jouit d'une définition posée par la Convention de l'Unesco pour la sauvegarde du patrimoine culturel immatériel du 17 octobre 2003, auquel renvoie désormais l'article L. 1 du Code du patrimoine, qui englobe des pratiques et savoirs que les communautés reconnaissent comme faisant partie de leur patrimoine culturel. À l'inverse de ce patrimoine transmis de génération en génération, aucun texte ne définit le patrimoine immatériel. Notion fuyante, le patrimoine immatériel se définit quasi systématiquement par l'exemple : données géographiques et statistiques, logiciels, brevets, marques, savoir-faire, obtentions végétales, etc. Si le périmètre de ce patrimoine dépasse le seul cadre de la propriété intellectuelle, plusieurs de ces actifs sont néanmoins susceptibles d'être protégés par le droit d'auteur et la propriété industrielle.

Le point de départ de cette prise de conscience a été le bien connu rapport consacré à *L'économie de l'immatériel : la croissance de demain* de Jean-Pierre Jouyet et Maurice Lévy, remis le 23 novembre 2006[2]. Le rapport affirme notamment :

> « Aujourd'hui, la véritable richesse n'est pas concrète, elle est abstraite. Elle n'est pas matérielle, elle est immatérielle[3]. »

Les rédacteurs invitaient à corriger l'appréhension des actifs publics en cessant de considérer que le patrimoine de l'État se limite à l'immobilier. Il fallait donc s'extraire de l'idée que le patrimoine public s'incarne dans des réalités physiques[4], pour valoriser ces nouvelles ressources. Outre le potentiel économique de ces actifs, qui laissait présager la création de ressources budgétaires supplémentaires, la mise en place de cette politique de valorisation s'inscrivait dans une modernisation du service public[5]. La circulaire du 18 avril 2007 constatait l'urgence de la mise en place d'une stratégie de valorisation du patrimoine immatériel. Dans la foulée, l'arrêté du 23 avril 2007 donnera naissance à l'Agence du patrimoine immatériel de l'État (APIE) aujourd'hui devenue la mission Appui au patrimoine immatériel de l'État. La mission est chargée de promouvoir une gestion optimisée des actifs immatériels publics et d'accompagner les stratégies de valorisation de ce patrimoine. Nous comptons d'ailleurs parmi les intervenants Mme Noémi Drouin qui est responsable du pôle juridique de la mission APIE.

---

2. Rapport J.-P. Jouyet et M. Lévy, *L'économie de l'immatériel, La croissance de demain*, 23 nov. 2006.
3. *Ibid.*, p. 9.
4. M. Auby soulignait ainsi cette difficulté d'appréhension : « Notre droit des biens publics est un droit des routes, des ponts et des gares, il peine à devenir un droit des brevets, des logiciels, des droits d'auteur, etc. » : J.-B. Auby, « L'immatériel dans l'État », *Dr. adm.* 2007. 2.
5. V. en ce sens, F. Errera, « Valoriser le patrimoine immatériel de l'État : une nouvelle ambition pour l'État », *Courrier juridique des finances et de l'industrie* avr.-juin 2009, n° 56, p. 142. Pour l'auteur, la devise de l'APIE en témoigne : « Valoriser pour mieux servir. »

Afin de rendre compte de la richesse des enjeux liés à l'immatériel public, il nous a semblé important d'étudier, dans la première partie du colloque, comment la propriété intellectuelle est devenue un « aiguillon » de l'action publique (**I**). L'étude ne peut toutefois éluder la question des conséquences de ces croisements entre propriété intellectuelle et droit public sur notre matière. La seconde partie du colloque est de ce fait consacrée aux mutations de la propriété intellectuelle au contact du droit public, ce dernier devenant « trublion » de la matière (**II**).

I. LA PROPRIÉTÉ INTELLECTUELLE, AIGUILLON DE L'ACTION PUBLIQUE

La propriété intellectuelle constitue aujourd'hui un véritable levier de l'activité des collectivités publiques. Ces dernières mobilisent en effet différents droits de propriété intellectuelle (**A**) et développent des stratégies de valorisation de leurs actifs immatériels (**B**).

A. LA MOBILISATION DES DROITS DE PROPRIÉTÉ INTELLECTUELLE PAR LES PERSONNES PUBLIQUES

Les collectivités publiques revendiquent régulièrement la propriété de biens immatériels créés ou non à l'occasion de la mission de service public. Le Code de la propriété intellectuelle prévoit différents modes d'acquisition des droits de propriété intellectuelle susceptibles de bénéficier aux personnes publiques. Certains de ces actifs immatériels constituent des signes distinctifs essentiels pour les collectivités publiques. Mme Pascale Tréfigny évoquera à cet égard la question importante des marques publiques qui sont développées par les personnes publiques et qui constituent des vecteurs d'attractivité et d'identité.

En droit public, certaines règles peuvent par ailleurs s'appliquer aux contrats passés dans le cadre de la commande publique. Les récents textes témoignent à cet égard de l'infiltration de la propriété intellectuelle dans un droit public qui sort progressivement de son silence. C'est le cas en droit des marchés publics, où les textes se sont longtemps contentés de renvoyer à la « protection de droits d'exclusivité[6] » pour dispenser un marché de publicité et de mise en concurrence préalables. Désormais, l'article R. 2122-3 du code vise expressément les « droits de propriété intellectuelle ». Une nouvelle version du cahier des clauses administratives générales des marchés publics de prestations intellectuelles (CCAG-PI) a été adoptée par un arrêté en date du 30 mars 2021. Cette réforme a eu pour effet de supprimer les anciennes options A et B pour tendre vers une simplification du régime existant. Mme Malvina Mairesse

6. V. anc. art. 35, II, 8° C. marchés.

évoquera précisément cette question des marchés publics et de la propriété intellectuelle, et des enjeux de la réforme des cahiers des clauses administratives générales en matière de propriété intellectuelle.

La perspective n'est du reste pas uniquement dans la propriété intellectuelle publique *stricto sensu*, mais également dans la manière dont les droits de propriété intellectuelle peuvent constituer des outils au service de l'action publique. Des impératifs publics peuvent ainsi justifier l'attribution de licences d'office, par exemple pour des besoins de santé publique. M. Matthieu Dhenne présentera en ce sens les licences d'office et la manière dont l'État peut aussi limiter les droits de propriété intellectuelle.

B. LA VALORISATION DES ACTIFS IMMATÉRIELS DES COLLECTIVITÉS PUBLIQUES

Les collectivités publiques mettent désormais en place des stratégies de valorisation de ces actifs longtemps inexploités. Certains signes sont devenus incontournables pour les collectivités publiques, y compris au niveau local puisque plusieurs d'entre eux contribuent à la promotion et au développement de l'attractivité des territoires. La ville de Grenoble en fournit un exemple, et M. Cyril Laily, directeur de l'agence Grenoble Alpes, nous présentera le développement de la marque Grenoble Alpes et le travail de communication réalisé autour de ce signe[7].

Nous évoquerons également la question, devenue importante, des noms de domaine des personnes publiques. Les noms de domaine sont, en effet, susceptibles de constituer des actifs. Les collectivités peuvent ainsi réserver les noms de domaine stratégiques, et sont parfois amenées à se défendre contre des pratiques abusives sur Internet telles que le *cybersquatting*. Cette pratique consiste à utiliser un nom de domaine quasi identique à l'adresse officielle en y ajoutant une modification à peine perceptible, ou en copiant l'extension. L'enjeu est particulièrement important pour les personnes publiques dans la mesure où le nom de domaine constitue la garantie pour l'internaute de se trouver sur un site officiel de l'administration. Mme Noémi Drouin évoquera à cet égard les procédures existantes pour se prémunir contre le *cybersquatting* et, le cas échéant, la suppression ou la récupération des noms de domaine litigieux[8].

Ces stratégies de valorisation des actifs immatériels de l'administration doivent aussi parfois cohabiter avec d'autres impératifs publics. C'est le cas de l'ouverture des données publiques, appelée également *Open Data*, érigée en « priorité stratégique de l'État » par la circulaire n° 6264/SG du 27 avril 2021.

7. La contribution de M. Laily n'est malheureusement pas reproduite dans cet ouvrage.
8. La contribution de Mme Drouin n'est malheureusement pas reproduite dans cet ouvrage.

Les collectivités publiques sont invitées, d'un côté, à ouvrir leurs données, de l'autre, à valoriser économiquement leurs actifs. C'est le cas des données culturelles et plus particulièrement s'agissant des collections des musées. Les fichiers numériques issus de la numérisation des œuvres ont en effet intégré la catégorie des documents administratifs. Ces derniers sont définis par le Code des relations entre le public et l'administration comme les documents « produits ou reçus » dans l'accomplissement de la mission de service public[9]. On est en réalité bien loin de la définition originelle des documents administratifs sur lesquels s'exerce le droit d'accès reconnu aux administrés. Aux côtés de ce droit d'accès, le CRPA reconnaît également un droit de réutilisation des informations publiques, c'est-à-dire des informations qui sont contenues dans les documents administratifs. Le Code précise que la réutilisation de ces informations est gratuite. Néanmoins, l'objectif de valorisation est bien présent dans la loi « Valter » du 28 décembre 2015 puisque, par exception au principe de gratuité de la réutilisation, le législateur autorise la perception de redevances pour les informations issues des opérations de numérisation des fonds de collections des bibliothèques, musées et archives[10]. Ces tensions ont été récemment mises en lumière par un contentieux concernant l'accès aux scans 3D du musée Rodin. M. Jean-Michel Bruguière présentera cette question de la numérisation des collections des musées en évoquant cette récente affaire[11].

Ces questions laissent déjà pressentir à quel point la propriété intellectuelle publique n'est pas une propriété ordinaire. L'objet de la journée sera également de mettre en lumière certaines spécificités dans la manière dont les personnes publiques gèrent ces droits de propriété intellectuelle. C'est pourquoi nous étudierons les mutations engendrées par un droit public devenu « trublion » de la propriété intellectuelle.

II. LE DROIT PUBLIC, TRUBLION DE LA PROPRIÉTÉ INTELLECTUELLE

Au contact des impératifs liés au service public, l'on peut s'interroger sur l'émergence d'un droit public de la propriété intellectuelle (**A**). Le domaine de la recherche contribue indéniablement à la construction de ce droit (**B**).

9. L. 300-2 du Code des relations entre le public et l'administration.
10. L. n° 2015-1779 du 28 déc. 2015 relative à la gratuité et aux modalités de la réutilisation des informations du secteur public.
11. V. égal. pour un commentaire de cette affaire : J.-M. Bruguière, *Propr. intell.* 2023, n° 88, p. 27.

A. UN DROIT PUBLIC DE LA PROPRIÉTÉ INTELLECTUELLE EN CONSTRUCTION ?

L'unification du contentieux en faveur du juge judiciaire opérée par la loi du 17 mai 2011 pourrait sembler s'inscrire à rebours d'une singularité de la propriété intellectuelle dans un contexte publiciste[12]. Le législateur a en effet mis fin à la dualité juridictionnelle. Désormais, les actions en contrefaçon, même dirigées contre des personnes publiques, doivent être portées devant les tribunaux judiciaires. Le juge judiciaire est ainsi devenu exclusivement compétent pour l'ensemble du contentieux de la propriété intellectuelle (le droit d'auteur a, ce faisant, rejoint un bloc de compétence déjà existant pour la propriété industrielle). Un doute persistait néanmoins, conduisant le Tribunal des conflits à trancher en faveur d'un bloc de compétence[13]. Le Tribunal des conflits affirme que les litiges mettant en œuvre la responsabilité délictuelle ou contractuelle d'une personne publique en matière de propriété littéraire et artistique relèvent de l'ordre judiciaire. La solution vaut, précise la décision, dans l'hypothèse où un marché public aurait été passé entre l'auteur et la personne publique[14]. Malgré cette unification apparente, certaines spécificités demeurent dans ce contentieux, notamment concernant les ouvrages publics[15]. Mme Cottier, première conseillère à la cour d'appel administrative de Lyon, présentera cette question importante de la répartition du contentieux entre juge administratif et juge judiciaire.

Au-delà du contentieux, la propriété publique, même intellectuelle, reste modelée par des nécessités d'intérêt général. C'est pourquoi, malgré les incitations fortes à la valorisation, la propriété intellectuelle publique ne saurait être réduite à une propriété ordinaire. Les données publiques culturelles offrent, je l'évoquais à l'instant, un exemple intéressant de ces tensions qui existent entre logique d'accès et logique réservataire[16]. La tentation est parfois grande

12. L. n° 2011-525 du 17 mai 2011 de simplification et d'amélioration de la qualité du droit. L'article L. 331-1 du CPI affirme depuis 2011 la compétence du juge judiciaire : « Les actions civiles et les demandes relatives à la propriété littéraire et artistique, y compris lorsqu'elles portent également sur une question connexe de concurrence déloyale, sont exclusivement portées devant des tribunaux judiciaires, déterminés par voie réglementaire. »

13. T. confl. 7 juill. 2014, *Philippe X c/ Maison départementale des personnes handicapées de Meurthe-et-Moselle* ; T. confl. 7 juill. 2014, *Philippe X c/ Dpt de Meurthe-et-Moselle*.

14. Selon les juges, bien que l'auteur soit lié à un département par un contrat de cession de droits relevant du Code des marchés publics, « les litiges nés des actions dirigées contre cette personne publique au titre de son droit d'auteur relèvent de la compétence de la juridiction de l'ordre judiciaire ».

15. V. sur cette question, E. Terrier, *Vers une nouvelle figure du droit d'auteur. L'affirmation d'une logique publique culturelle*, Bruxelles, Larcier, 2021, n° 612 s.

16. Cette ambiguïté de la politique déployée est parfaitement décrite par Mme Bénabou : « L'État régalien s'oblige donc à autoriser la libre utilisation de ses ressources tandis que l'État providence demeure jaloux de ses prérogatives lorsqu'il intervient en tant qu'acteur économique », V.-L. Bénabou, « La loi pour une République numérique et la propriété intellectuelle », *Dalloz IP/IT* 2016. 531.

pour l'administration de mobiliser ses droits de propriété intellectuelle pour restreindre ou refuser l'accès à certains documents. Ce conflit interne a été mis en lumière à l'occasion de plusieurs affaires qui concernaient les services d'archives. La société Notrefamille.com, qui proposait des services de généalogie, avait saisi plusieurs services d'archives pour obtenir communication de divers documents et notamment des registres d'état civil. Le service d'archives de la Vienne avait refusé cette demande de réutilisation en invoquant son droit *sui generis* sur les bases de données. Ce droit, prévu aux articles L. 341-1 et suivants du CPI, reconnaît au producteur de la base la faculté d'interdire l'extraction et la réutilisation d'une partie qualitativement ou quantitativement substantielle du contenu de celle-ci. Le producteur s'entend de la personne qui a réalisé des investissements financier, matériel ou humain substantiels notamment en vue de la constitution, de la vérification ou de la présentation du contenu de la base. L'argument du service avait été accueilli par les premiers juges, estimant que « la possibilité pour le producteur de base de subordonner la réutilisation d'informations publiques au versement de redevances [...] ne saurait être le corollaire d'une obligation d'autoriser l'extraction[17] ». L'analyse sera finalement censurée par le Conseil d'État[18]. Le législateur a malgré tout consacré, à l'occasion de la loi pour une République numérique, le principe selon lequel le droit *sui generis* ne peut faire obstacle à la réutilisation du contenu d'une base de données produite par l'administration[19].

L'administration ne serait donc pas un propriétaire intellectuel comme un autre. C'est ce que confirme la directive du 20 juin 2019, concernant les données ouvertes et la réutilisation des informations du secteur public, qui a

17. CAA Bordeaux, 26 févr. 2015, req. n° 13BX00856. V. auparavant, TA Poitiers, 31 janv. 2013, n° 1002347.

18. Le Conseil d'État estime que les dispositions encadrant le régime des données publiques font obstacle à ce que les établissements « qui ne sont pas des tiers au sens et pour l'application du c) de l'article 10 de la loi du 17 juillet 1978, puissent se fonder sur les droits que tient le producteur de bases de données de l'article L. 342-1 du Code de la propriété intellectuelle, pour s'opposer à l'extraction ou à la réutilisation du contenu de telles bases, lorsque ce contenu revêt la nature d'informations publiques au sens des dispositions du même article » : CE 8 févr. 2017, req. n° 389806.

19. L. 321-3 CRPA : « Sous réserve de droits de propriété intellectuelle détenus par des tiers, les droits des administrations mentionnées au premier alinéa de l'article L. 300-2 du présent code, au titre des articles L. 342-1 et L. 342-2 du Code de la propriété intellectuelle, ne peuvent faire obstacle à la réutilisation du contenu des bases de données que ces administrations publient en application du 3° de l'article L. 312-1-1 du présent code. » L'on peut toutefois s'interroger sur l'opportunité d'introduire une telle disposition, dans la mesure où l'analyse pouvait déjà se déduire de l'article L. 321-2 du code écartant du champ du droit de réutilisation les informations figurant dans des documents sur lesquels des tiers détiennent des droits de propriété intellectuelle. L'administration ne constituant pas un tiers au sens de cet article, elle ne peut tirer argument de son droit *sui generis* pour s'opposer à la réutilisation. V. nos travaux, E. Terrier, *Vers une nouvelle figure du droit d'auteur..., op. cit.*, n° 454 ; E. Terrier, « Les données publiques », *in* J.-M. Bruguière (dir.), *L'émergence d'un droit des données*, Paris, Dalloz, 2023, p. 155.

procédé à une refonte des textes existants[20]. Le texte précise en effet que « [l]es organismes du secteur public devraient [...] exercer [leurs droits de propriété intellectuelle] de façon à faciliter la réutilisation des documents » (cons. 54). L'État, plus que n'importe quel autre propriétaire, devrait être contraint d'utiliser ses droits de propriété intellectuelle dans le respect de l'accès des citoyens à l'information. La question a été évoquée à l'occasion de l'affaire *Funke Medien* devant la CJUE. En l'espèce, l'État allemand opposait son droit de propriété intellectuelle sur des rapports de situation pour en refuser l'accès aux requérants. L'avocat général avait défendu l'impossibilité pour l'État de faire prévaloir son droit de propriété intellectuelle sur le droit d'accès des citoyens. La position de la CJUE sera finalement plus nuancée[21]. Mme Marie Cornu, dont la contribution est reproduite dans le présent ouvrage, évoquera ces questions sous l'angle de l'intérêt culturel (c'est en la matière que l'ambiguïté est la plus palpable).

La propriété intellectuelle publique questionne en outre l'exorbitance qui s'attache à la gestion des droits acquis par les collectivités. La difficulté, s'agissant du domaine public, entendu au sens du droit administratif des biens[22], provient de la nature immatérielle des biens intellectuels. L'article L. 1 du CGPPP ne fait aucune distinction entre les biens matériels et immatériels. Cette disposition prévoit en effet que le Code s'applique « aux biens et aux droits, à caractère mobilier ou immobilier, appartenant à l'État, aux collectivités territoriales et à leurs groupements, ainsi qu'aux établissements publics ». Le domaine public est néanmoins traditionnellement composé d'actifs matériels, ce dont témoigne la liste qui figure à l'article L. 2112-1 du CGPPP concernant le domaine public mobilier[23]. Les biens immatériels sont dès lors rattachés, à quelques rares exceptions à l'instar des fréquences hertziennes, au domaine privé des collectivités publiques[24]. Pourtant, une certaine exorbitance semble

20. Dir. n° 2019/1024 du 20 juin 2019 concernant les données ouvertes et la réutilisation des informations du secteur public (refonte).

21. La CJUE considère que la liberté d'information et la liberté de la presse ne sont pas susceptibles de justifier, en dehors des exceptions et des limitations prévues à l'article 5, paragraphes 2 et 3, de la directive n° 2001/29, une dérogation aux droits exclusifs de reproduction et de communication au public de l'auteur. Elle rappelle néanmoins qu'il appartient au juge, dans la mise en œuvre des exceptions, de tenir compte des droits fondamentaux. V. CJUE 29 juill. 2019, *Pelham*, aff. C-476/17 ; *Funke Medien*, aff. C-469/17 ; *Spiegel Online*, aff. C-516/17, *JCP* 2019. 992, note J.-M. Bruguière ; *Dalloz IP/IT* 2020. 317, obs. A. Latil ; *RTD com.* 2020. 83, comm. F. Pollaud-Dulian ; *Légipresse* janv. 2020. 69, obs. C. Alleaume ; *CCE* 2019, comm. 75, obs. C. Caron.

22. Sur la distinction domaine public au sens du droit d'auteur et domaine public au sens du droit administratif, v. nos travaux, E. Terrier, *Vers une nouvelle figure du droit d'auteur*..., *op. cit.*, n° 366 s.

23. L'article L. 2112-1 du même code précise qu'il rassemble « les biens présentant un intérêt public du point de vue de l'histoire, de l'art, de l'archéologie, de la science ou de la technique ».

24. V., P. Bon, J.-B. Auby et P. Terneyre, *Droit administratif des biens*, 8e éd., Paris, Dalloz, coll. « Précis », 2020, p. 76. Souvent de manière implicite : *J.-Cl. Propriétés publiques*, fasc. 45, P. Yolka, « Domaine public mobilier », 15 juin 2023, n° 141.

persister, tenant notamment à l'objet de cette propriété publique modelée par les nécessités d'intérêt général. M. Philippe Yolka interviendra sur cette problématique en étudiant les propriétés publiques incorporelles.

Ce colloque invite à explorer de nombreux ensembles de règles rarement mis en regard : la propriété littéraire et artistique, la propriété industrielle, le droit de la recherche scientifique, le droit administratif des biens, le droit des marchés publics, le droit des services publics, etc. Ces règles sont amenées à s'entrecroiser, faisant de la propriété intellectuelle le terrain d'une rencontre entre intérêts de droit privé et nécessités d'intérêt général. La recherche illustre particulièrement cette rencontre et l'hybridité qui en découle.

B. PROPRIÉTÉ INTELLECTUELLE ET RECHERCHE

En propriété intellectuelle, certains mécanismes semblent s'inspirer de figures du droit public (expropriation pour cause d'utilité publique et servitudes d'utilité publique), à l'instar du régime applicable aux fonctionnaires. La loi du 1er août 2006 a, en apparence, aligné le sort des agents publics sur celui des salariés de droit privé. Le législateur a en effet consacré la titularité *ab initio* des agents publics créateurs[25]. L'article L. 131-3-1 prévoit néanmoins une cession légale en faveur de l'État pour les œuvres créées par des agents dans l'exercice de leurs fonctions ou d'après les instructions reçues. Le champ de la cession est limité aux actes effectués dans « la mesure strictement nécessaire à l'accomplissement d'une mission de service public ». L'introduction d'un régime spécifique pour les créations des agents publics participe indéniablement à la construction d'une dimension hybride de la propriété intellectuelle intégrant les impératifs d'intérêt général. Le domaine de la recherche constitue l'un des terrains où se construit cette nouvelle dimension. La situation juridique des chercheurs est différente de celle des autres agents publics, ce qu'évoquera M. Alexandre Delmotte en consacrant son intervention à la propriété intellectuelle des chercheurs. La gestion des droits de propriété industrielle dans la recherche publique sera également présentée par Mme Isabelle Chéry qui est responsable du service Valorisation et partenariats de Grenoble INP de l'Université Grenoble Alpes. Et, toujours dans cette approche interdisciplinaire, nous nous intéresserons à la gouvernance des données en écoutant Mme Amélie Favreau et M. Frédéric Wurtz sur les enjeux juridiques liés à la protection des données dans le cadre de l'Observatoire de la transition énergétique. Cet observatoire est au cœur de la production et de la gestion de données pour la transition énergétique et il nous a donc semblé que c'était un très bel exemple des questions soulevées par la propriété intellectuelle s'agissant des données de la recherche.

---

25. Sur la question, *J.-Cl. Propr. littéraire et artistique*, fasc. 1187, E. Terrier, « Objet du droit d'auteur. Titulaires du droit d'auteur. Agents publics (CPI, art. L. 111-1, al. 3) », 2022.

Finalement, l'objet de ce colloque dépasse le seul constat de l'émergence d'une propriété intellectuelle publique. Au-delà de cette propriété, au contact de ces différentes matières, de ces différents enjeux, se construit peut-être aussi quelque chose de nouveau, et se dévoile une facette particulière de la propriété intellectuelle – et pourquoi pas même un droit public de la propriété intellectuelle. M. Bertrand Warusfel a consacré un article incontournable à l'émergence de ce droit public de la propriété intellectuelle[26], et nous le remercions de nous faire l'honneur de réaliser la synthèse du colloque. Le colloque espère contribuer à ces réflexions en questionnant la singularité de ce droit public de la propriété intellectuelle. Je tiens à remercier l'ensemble des intervenants qui ont contribué au présent ouvrage, ainsi que Mme Bérangère Gleize et M. Jean-Gabriel Sorbara qui ont accepté de présider les séances lors du colloque annuel du CUERPI. J'espère que vous prendrez plaisir à parcourir cet ouvrage et à découvrir les différentes contributions.

---

26. B. Warusfel, « L'émergence d'un droit public de la propriété intellectuelle », *in* M. Conan et B. Thomas-Tual (dir.), *Les transformations du droit public*, Actes de la journée d'études organisée le 20 juin 2008 à Brest, Paris, éd. La Mémoire du droit, 2010, p. 164.

PREMIÈRE PARTIE

La propriété intellectuelle, *aiguillon* de l'action publique

TITRE 1

La mobilisation des droits de propriété intellectuelle par les personnes publiques

Marchés publics et propriété intellectuelle

MALVINA MAIRESSE
Avocat au barreau de Paris, Cabinet H_2O Avocats

Quel lien entre les marchés publics et la propriété intellectuelle ? Quel rapprochement entre le droit de la commande publique, d'origine communautaire, qui vise à encadrer les achats des acheteurs publics, et le droit de la propriété intellectuelle dont l'objet est de protéger l'auteur d'une œuvre et de lui assurer une rétribution financière ?

Si l'on analyse le Code de la commande publique (CCP), le terme « propriété intellectuelle » y apparaît très peu. Il ne faut toutefois pas s'arrêter à ce simple examen, car il existe nécessairement une interaction entre ces deux droits.

Les règles en matière de propriété intellectuelle doivent en effet être prises en compte par les acheteurs publics à l'occasion de leurs achats. Et ce, d'autant plus, avec le développement de l'économie numérique, des supports de communication (Internet, réseaux sociaux...), des œuvres audiovisuelles, des solutions logicielles...

Cette évolution a d'ailleurs progressivement amené l'État à prendre conscience de l'importance de son patrimoine immatériel[1] et à créer par exemple la mission APIE[2] et certains services dédiés[3]. Certaines collectivités,

1. V. décr. n° 2009-151 du 10 févr. 2009 relatif à la rémunération de certains services rendus par l'État consistant en une valorisation de son patrimoine immatériel.
2. V. arr. du 23 avr. 2007 portant création d'un service à compétence nationale dénommé « Agence du patrimoine immatériel de l'État ». Depuis le 1er janv. 2020, la mission Appui au patrimoine immatériel de l'État (anciennement Agence du patrimoine immatériel de l'État) est rattachée à la Direction des affaires juridiques, qui est une direction du ministère de l'Économie, des Finances et de la Souveraineté industrielle et numérique. La mission APIE est chargée de promouvoir une gestion optimisée des actifs immatériels publics et d'accompagner les stratégies de valorisation de ce patrimoine. Pour ce faire, elle coordonne la réflexion et propose des orientations au gouvernement, elle sensibilise les gestionnaires publics, les conseille, favorise les échanges et la mutualisation et gère pour leur compte certains de leurs actifs : marques, savoir-faire, créations intellectuelles, etc.
3. Bureau de la propriété intellectuelle du ministère des Armées, par exemple.

de leur côté, ont recruté des juristes spécialisés en propriété intellectuelle ou soutenu leurs services marchés qui souhaitaient se former à cette matière. Elles ont aussi parfois décidé de faire appel à des conseils extérieurs, par exemple pour gérer leur portefeuille de marques.

Cela étant rappelé, il convient de s'intéresser à la façon dont ces deux droits, même s'ils ont des finalités différentes, doivent à la fois se concilier lors de la passation des marchés publics[4] (I) et coexister lors de leur exécution (II).

I. PASSATION DES MARCHÉS PUBLICS ET PROPRIÉTÉ INTELLECTUELLE

Le CCP tient compte des problématiques de propriété intellectuelle lors de la passation des marchés publics.

A. PRISE EN COMPTE NOTABLE POUR LA PASSATION D'UN MARCHÉ DE GRÉ À GRÉ

L'article R. 2122-3 du CCP prévoit que :

> « L'acheteur peut passer un marché sans publicité ni mise en concurrence préalables lorsque les travaux, fournitures ou services ne peuvent être fournis que par un opérateur économique déterminé, pour l'une des raisons suivantes : [...]
> 3° L'existence de droits d'exclusivité, notamment de droits de propriété intellectuelle.
> Le recours à un opérateur déterminé dans les cas mentionnés aux [...] 3° n'est justifié que lorsqu'il n'existe aucune solution de remplacement raisonnable et que l'absence de concurrence ne résulte pas d'une restriction artificielle des caractéristiques du marché[5]. »

La mise en concurrence étant le principe pour attribuer un marché public, la propriété intellectuelle peut ainsi, dans ce cas précis, y faire échec.

Et ce, en toute logique. Comme le résumait Bertrand Warusfel :

> « Si l'exécution de l'objet du marché nécessite la mise en œuvre de moyens couverts par la propriété intellectuelle (par exemple, celle d'un procédé de fabrication breveté), retenir comme titulaire du marché une personne qui ne disposerait pas des droits d'exploitation de ces moyens conduirait nécessairement à ce que, au stade de l'exécution du marché, le titulaire se trouve soit hors d'état d'exécuter le marché, soit en situation de commettre

4. N. Emmanuel, « Droits de propriétés intellectuelles et marchés publics : un thème émergent, un débat urgent », *RLDI* févr. 2008. 81-87.
5. Un article similaire, bien que ne faisant pas expressément référence à la « propriété intellectuelle », est applicable aux marchés de défense et de sécurité (Art. R. 2322-5 CCP).

une contrefaçon [...] Si un droit exclusif limite la possibilité de choix de la personne publique (en l'obligeant, par exemple, à ne pouvoir contracter qu'avec le seul titulaire du droit, ou son seul licencié), il ne pourrait donc être question de mise en concurrence et la personne publique a donc intérêt à entrer directement en négociation avec ce fournisseur exclusif[6]. »

La jurisprudence pose toutefois trois conditions strictes et cumulatives :
- l'entreprise pressentie doit être seule titulaire des droits de propriété intellectuelle sur sa solution/produit ;
- il ne doit exister aucune solution de remplacement raisonnable[7] ;
- l'acheteur public ne doit pas avoir restreint artificiellement les caractéristiques de son marché pour favoriser cette entreprise.

Si ces conditions ne sont pas remplies, le marché pourra être résilié ou annulé, sans préjudice d'éventuelles actions pénales, notamment pour délit de favoritisme.

Conseil d'État, 2 octobre 2013, *Département de l'Oise*, n° 368846

En octobre 2013, le Conseil d'État a clarifié les conditions dans lesquelles un acheteur public peut, par exception aux principes de la commande publique, passer des marchés selon une procédure sans publicité ni mise en concurrence, pour des motifs tenant à la protection de droits d'exclusivité.

Pour la fourniture, la mise en œuvre et le déploiement d'un espace numérique de travail (ENT) dans les collèges publics de son ressort, le département de l'Oise a, à l'issue d'une consultation lancée en 2008, retenu l'offre présentée par France Télécom-OBS. Cette offre incluait la solution logicielle NetCollège, élaborée par la société Itop.

À l'expiration de ce marché, le département, constatant que la société Itop disposait de droits exclusifs sur la solution NetCollège, lui a alors attribué, de gré à gré, l'exploitation et la maintenance de cet ENT, en utilisant la procédure sans publicité ni mise en concurrence prévue (à l'époque) à l'article 35 II 8° du Code des marchés publics.

Le juge du référé précontractuel, saisi par une société concurrente, a annulé cette procédure, au motif que le département ne démontrait pas

6. B. Warusfel, « Propriété intellectuelle et marchés publics », *Contrats publics* juill.-août 2004, n° 35.
7. Pour un exemple récent, v. CAA Lyon, 4e ch., 6 juill. 2023, req. n° 21LY01478 : dès lors qu'existe une concurrence entre prestataires répondant aux besoins exprimés par l'acheteur, les conditions de recours à une procédure sans publicité ni mise en concurrence en raison de l'existence de droits d'exclusivité ne sont pas remplies.

que les droits dont se prévalait la société Itop faisaient obstacle à ce que le département attribue le marché à un autre prestataire.

Dans sa décision du 2 octobre 2013, le Conseil d'État a annulé l'ordonnance ainsi rendue et reconnu la régularité du choix opéré par le département.

Pour déterminer si la société Itop disposait de droits exclusifs sur le logiciel considéré, le Conseil d'État s'est référé, d'une part, à un certificat délivré par l'Agence pour la protection des programmes (APP) et, d'autre part, à une attestation émanant de la société Itop elle-même. Puis, considérant que le département pouvait légalement choisir de ne pas acquérir un nouveau système, mais simplement de conserver l'ancien, il a validé le recours à la procédure sans publicité ni mise en concurrence.

B. PRISE EN COMPTE INCIDENTE LORS DE L'ÉLABORATION DES SPÉCIFICATIONS TECHNIQUES D'UN MARCHÉ

Les spécifications techniques définissent les caractéristiques requises des travaux, des fournitures ou des services qui font l'objet d'un marché. Elles figurent dans le dossier de consultation des entreprises communiqué aux candidats devant formaliser leur offre.

Aux termes de l'article R. 2111-7 du CCP :

> « Les spécifications techniques ne peuvent pas faire mention d'un mode ou procédé de fabrication particulier ou d'une provenance ou origine déterminée, ni faire référence à une marque, à un brevet ou à un type lorsqu'une telle mention ou référence est susceptible de favoriser ou d'éliminer certains opérateurs économiques ou certains produits. Toutefois, une telle mention ou référence est possible si elle est justifiée par l'objet du marché ou, à titre exceptionnel, dans le cas où une description suffisamment précise et intelligible de l'objet du marché n'est pas possible sans elle et à la condition qu'elle soit accompagnée des termes "ou équivalent". »

Les conditions dans lesquelles il peut être fait référence à une technologie dénommée par un terme protégé sont donc strictement encadrées[8].

De même, un acheteur public peut voir sa responsabilité engagée lorsqu'il incite les candidats à méconnaître des droits de propriété intellectuelle, en amenant par exemple les candidats à imiter des modèles protégés. Tel est le cas lorsque les spécifications se réfèrent expressément à des droits protégés (exigence correspondant à un modèle déposé, par exemple), obligeant les

8. CAA Nancy, 19 mars 2019, *Société Comptoir Négoce Équipements*, req. n° 17NC02326.

candidats à être contrefaisants. Cela a notamment été le cas dans l'affaire dite « des columbariums[9] ».

Les acheteurs publics sont alors sanctionnés au motif que les spécifications techniques ont pour effet de restreindre la concurrence entre les candidats et de favoriser la société titulaire des droits.

Conseil d'État, 30 septembre 2011, *Région Picardie*, n° 350431, affaire dite « Lilie »

Le Conseil d'État, dans un arrêt du 30 septembre 2011, s'est prononcé pour la première fois sur les spécifications techniques d'un marché mentionnant le recours à un logiciel libre déterminé.

Dans cette affaire, la Région Picardie avait lancé une procédure d'appel d'offres en vue de la conclusion d'un marché public ayant pour objet « la mise en œuvre, l'exploitation, la maintenance et l'hébergement d'une plateforme de service pour la solution open source d'espace numérique de travail (ENT) Lilie à destination des lycées de Picardie ».

Deux entreprises candidates, éditrices de logiciels, qui soutenaient que les spécifications de ce marché étaient discriminatoires, dès lors qu'elles leur interdisaient de proposer leur propre solution informatique, ont alors déposé un référé précontractuel devant le juge des référés du tribunal administratif d'Amiens.

Par ordonnance du 9 juin 2011, ce dernier a annulé la procédure de passation attaquée au motif que la seule référence, dans les spécifications techniques du marché, à la solution Lilie n'était pas justifiée par l'objet dudit marché. La Région Picardie s'est alors pourvue en cassation.

Comme le soulignait le rapporteur public, Bertrand Dacosta, le Conseil d'État devait alors répondre à la question suivante : la Région devait-elle se borner à lancer un marché ayant pour objet la mise en place d'un « environnement numérique de travail », sans spécifier davantage la façon dont elle entendait que ce besoin soit couvert, ou pouvait-elle exiger d'emblée que ce besoin soit satisfait par l'usage du logiciel libre Lilie ?

Le Conseil d'État, s'écartant des conclusions du rapporteur public, a annulé l'ordonnance rendue, considérant que (i) eu égard à la nature de marché de services – et non de fournitures – du marché litigieux, la mention de la solution logicielle Lilie n'avait pas eu pour effet de favoriser ou d'éliminer d'autres solutions logicielles et que (ii) la mention du logiciel

9. TA Melun, ord., 10 janv. 2013, n° 1209294, TA Melun, 18 sept. 2013, n° 1105865 et TA Melun, ord., 14 mars 2014, n° 1401919.

Lilie, logiciel libre, ne pouvait être regardée comme ayant eu pour effet de favoriser la société Logica qui a participé à sa conception et en est copropriétaire. Pour le Conseil d'État, en mentionnant comme spécification technique du marché le recours à ce seul logiciel libre, la Région n'a donc méconnu la réglementation sur les marchés publics.

II. EXÉCUTION DES MARCHÉS PUBLICS ET PROPRIÉTÉ INTELLECTUELLE

Dès lors qu'un acheteur public commande des prestations de communication ou de conseil, une formation, un logiciel spécifique, des prestations de maintenance d'un logiciel, des photographies, un site internet, des prototypes..., des droits de propriété intellectuelle sont en principe en jeu.

Il leur est alors recommandé de préciser[10], dans les clauses de leur marché, les conditions dans lesquelles (i) l'acheteur pourra utiliser les résultats qui lui seront livrés et (ii) le titulaire pourra réutiliser ces mêmes résultats pour d'autres clients[11].

À défaut, il n'y a ni cession ni concession, et ce, même si un marché a été notifié[12], un prix payé par l'acheteur, ou même si l'acheteur est en possession du matériel concerné (mobilier urbain, par exemple).

Voilà pourquoi ces clauses doivent être rédigées avec attention, afin d'éviter un litige avec le titulaire, des offres irrégulières[13], une consultation infructueuse, un préjudice d'image, un surcoût non anticipé...

Le CCP impose par exemple pour les partenariats d'innovations (marché qui a englobé la recherche et le développement de produits, services ou travaux innovants et leur acquisition ultérieure) que :

> « La répartition des droits de propriété intellectuelle, notamment quant aux résultats des phases de recherche et développement, est prévue dans le partenariat d'innovation » (Art. R. 2172-25 CCP).

L'enjeu est en effet important, notamment pour le titulaire d'un tel marché qui peut souhaiter proposer ultérieurement, à d'autres acheteurs publics, la

---

10. Pour rappel, en matière de droits d'auteur, aux termes de l'article 131-3 du Code de la propriété intellectuelle, « la transmission des droits de l'auteur est subordonnée à la condition que chacun des droits cédés fasse l'objet d'une mention distincte dans l'acte de cession et que le domaine d'exploitation des droits cédés soit délimité quant à son étendue et à sa destination, quant au lieu et quant à la durée ».
11. L'article R. 2111-5 du CCP précise d'ailleurs que « les spécifications techniques peuvent préciser si le transfert des droits de propriété intellectuelle sera exigé ».
12. Art. L. 111-1 CPI.
13. CE 2 oct. 2013, *Département du Lot-et-Garonne*, req. n° 368900.

solution développée grâce au financement de l'acheteur à l'origine du partenariat d'innovation[14].

L'article du CCP susvisé n'oriente toutefois pas l'acheteur dans le choix à retenir en la matière. Il lui sera alors possible de s'appuyer sur les clauses des CCAG 2021.

Affaire AUTOLIB'

Cette affaire concerne la délégation de service public ayant pour objet le service d'autopartage de véhicules électriques Autolib'. Elle ne porte donc pas sur un marché public, mais son apport (importance d'avoir des clauses précises et complètes dans les contrats publics) reste intéressant car parfaitement transposable aux marchés publics.

Cette délégation signée entre le syndicat mixte Autolib' et la société Autolib', filiale du groupe Bolloré, a été résiliée en juin 2018. Les bornes de recharge sont alors devenues la propriété du syndicat mixte qui les a remises à chacune des communes concernées. Le logiciel gérant l'ensemble du service semble toutefois être resté la propriété du groupe Bolloré. Le contrat ne prévoyait apparemment pas le transfert des droits sur ce logiciel (qui gérait l'ensemble du service et pas le seul rechargement des véhicules) au syndicat mixte[15]. Le syndicat mixte a donc semble-t-il dû redévelopper en urgence un logiciel pour gérer le chargement des bornes, ce qui a rendu les bornes de recharge inutilisables pendant un certain temps pour la recharge d'autres véhicules électriques.

A. ENJEUX DE LA RÉFORME DES CCAG EN MATIÈRE DE PROPRIÉTÉ INTELLECTUELLE

Les cahiers des clauses administratives générales (CCAG) sont des documents incontournables (bien que facultatifs[16]) des marchés publics, dès lors qu'ils régissent les conditions d'exécution de la plupart des marchés, tant sur l'aspect administratif, financier qu'opérationnel.

Les précédents CCAG 2009 n'étaient plus adaptés aux besoins et usages des acteurs de la commande publique. Ils méritaient donc une refonte, notamment en ce qui concerne les sujets de propriété intellectuelle.

14. A. Poisson, « Partenariat d'innovation et propriété intellectuelle », *Contrats publics* févr. 2018.
15. On a pu lire que le contrat prévoyait une licence gratuite concédée, en cas de résiliation, au syndicat mixte, mais sans que cet élément puisse être confirmé.
16. Art. R. 2112-2 CCP : « Les clauses du marché peuvent être déterminées par référence à des documents généraux tels que les cahiers des clauses administratives générales qui fixent les stipulations de nature administrative applicables à une catégorie de marché. »

À la suite de l'entrée en vigueur du CCP en avril 2019, le gouvernement a donc souhaité, dans le prolongement de l'élan de simplification et de modernisation du droit de la commande publique, réformer les CCAG.

Il est en effet apparu nécessaire de :

- prévoir une clause de propriété intellectuelle dans tous les CCAG[17] ;
- prendre en compte l'évolution des besoins et des pratiques, notamment en informatique (développement des licences libres, mutualisation entre acheteurs...) ;
- supprimer les options A et B qui existaient dans les CCAG PI et TIC de 2009, options qui n'étaient pas toujours faciles à appréhender pour les acheteurs publics qui avaient souvent le réflexe de choisir, par précaution, l'option B. Cette solution n'était pas nécessairement pertinente et avait un impact sur le prix.

La refonte des CCAG en 2021 a donc été l'occasion de revoir les clauses de propriété intellectuelle de ces cahiers. Les deux options A et B ont été supprimées au profit d'un régime s'appliquant par défaut.

B. NOUVEAU RÉGIME PRÉVU PAR LES CCAG 2021 EN MATIÈRE DE PROPRIÉTÉ INTELLECTUELLE

Les nouveaux CCAG 2021[18] prévoient donc désormais :

- une clause de propriété intellectuelle dans tous les CCAG, applicable pour les prestations commandées à titre principal ou accessoire ;
- une clause à la rédaction proche dans tous les CCAG, sauf pour le CCAG-MOE qui dispose d'une clause « *ad hoc* » visant à tenir compte des spécificités des prestations de maîtrise d'œuvre[19] ;
- un seul régime juridique proposé par défaut (sans option à choisir) pour faciliter la rédaction des documents particuliers du marché et éviter de les alourdir ;
- un régime qui tente de rendre plus explicites les différents éléments composant un résultat et le régime associé (résultats purs, connaissances antérieures standards et connaissances antérieures non standards)[20] ;

---

17. Depuis leur refonte en 2021, il existe 6 CCAG, chaque CCAG ayant un champ d'application spécifique précisé dans son préambule : CCAG-Travaux, CCAG-Prestations intellectuelles, CCAG-Fournitures courantes et services, CCAG-Marchés industriels, CCAG-Techniques de l'information et de la communication, CCAG-Maîtrise d'œuvre.
18. V. *Guide d'utilisation des CCAG 2021*, not. la fiche 10, « La clause de propriété intellectuelle », publié le 19 nov. 2021 par la DAJ/Ministère de l'Économie, des Finances et de la Souveraineté industrielle et numérique, et *Guide de mise en œuvre de la clause de propriété intellectuelle* (CCAG 2021), publié par l'APIE.
19. V. *Guide d'utilisation des CCAG 2021*, not. la fiche 21, « La clause PI du CCAG-MOE », publié le 19 nov. 2021 par la DAJ/Ministère de l'Économie, des Finances et de la Souveraineté industrielle et numérique.
20. S. Israël, A.-C. Viala, « Le régime des droits de propriété intellectuelle dans les nouveaux CCAG », *CMP* 2021, n° 5.

- un régime qui tente d'être plus équilibré entre les besoins de l'acheteur public et les intérêts du titulaire.

À ce stade, il est encore trop tôt pour que les juges se soient penchés sur les dispositions relatives à la propriété intellectuelle des nouveaux CCAG, et les éventuelles dérogations et/ou compléments à ces cahiers qu'auraient pu faire les acheteurs publics dans les documents particuliers de leurs marchés.

Ce sera d'ailleurs le juge judiciaire qui sera compétent[21]. La loi du 17 mai 2011 de simplification et d'amélioration de la qualité du droit a en effet harmonisé les dispositions éparses du Code de la propriété intellectuelle relatives à la compétence juridictionnelle et réaffirmé la spécialisation des juridictions judiciaires en la matière.

L'article L. 331-1 du Code de la propriété intellectuelle dispose désormais que les actions civiles et les demandes relatives à la propriété littéraire et artistique sont de la compétence du juge judiciaire. Il en est de même pour les dessins et modèles (Art. L. 521-3-1), les brevets (Art. L. 615-17), les obtentions végétales (Art. L. 623-31), les marques (Art. L. 716-3) et les indications géographiques (Art. L. 722-8). Les articles R. 211-4 et suivants du Code de l'organisation judiciaire permettant alors d'identifier les tribunaux judiciaires spécialement désignés pour traiter de ces questions.

Les rédacteurs des nouveaux CCAG 2021 ont aussi tenu compte de cette évolution. Les CCAG prévoient désormais, à l'article « Règlement des différends entre les parties », que les litiges portant sur des actions civiles relatives à la propriété littéraire et artistique doivent être portés devant la juridiction judiciaire compétente.

Affaire Biomediqa, une affaire de contrefaçon donnant lieu à renvois entre juridictions

– Le TA de Lyon a été saisi d'une demande de la société Biomediqa tendant à l'annulation d'un marché public et à l'indemnisation de son préjudice. Cette société, candidat évincé, soutenait notamment que des offres irrégulières avaient été admises par l'acheteur dès lors que les produits développés par les autres candidats étaient des contrefaçons de son produit protégé par brevet. Par un jugement avant-dire droit du 27 juin 2019, le tribunal a renvoyé l'affaire au Tribunal des conflits et sursis à statuer jusqu'à ce que le Tribunal des conflits tranche les questions de compétence qui lui étaient soumises.

– T. confl. 9 déc. 2019, req. n° C4169 :

21. T. confl. 2 mai 2011, *Société d'équipements industriels urbains*, req. n° C3770 ; T. confl. 7 juill. 2014, req. n° C3954.

« Lorsqu'elle est saisie par un tiers au contrat de conclusions contestant la validité d'un marché public, la juridiction administrative n'a pas compétence pour se prononcer sur le moyen tiré de l'irrégularité de l'offre de la société attributaire du marché, en tant qu'elle porterait atteinte aux droits de propriété intellectuelle de ce tiers, et il lui incombe de ne statuer qu'après la décision du tribunal de grande instance compétent, saisi à titre préjudiciel, sur l'existence de la contrefaçon ; qu'elle a, en revanche, seule compétence pour se prononcer, ensuite, sur les autres moyens d'annulation et, si elle constate l'existence de vices entachant la validité du contrat, pour en apprécier l'importance et les conséquences. »

– Par un second jugement avant-dire droit du 28 mai 2020, le TA de Lyon a sursis à statuer jusqu'à ce que le tribunal judiciaire de Paris se prononce sur l'action en contrefaçon de la société Biomediqa.

– TJ Paris, 20 janv. 2022, n° 2019/01997 et Paris, 17 nov. 2023, RG n° 2022/02645 : décisions rejetant l'action en contrefaçon de la société Biomediqa.

– TA Lyon, 24 mai 2022, n° 1704873 : après que le tribunal judiciaire a débouté la requérante de son action en contrefaçon, le juge administratif a rejeté, au fond, sa requête en annulation du marché.

Les marques publiques

PASCALE TRÉFIGNY

Conseillère en service extraordinaire à la chambre commerciale, financière et économique de la Cour de cassation

Selon l'article L. 711-1 du Code de la propriété intellectuelle, « la marque de produits ou de services est un signe servant à distinguer les produits ou services d'une personne physique ou morale d'autres personnes physiques ou morales ».

La marque « publique » n'est pas définie dans le code précité. Les auteurs s'accordent à retenir qu'il s'agit d'un signe qui permet à une administration, une institution, un service ou un établissement public d'être identifié. Il n'y a pas de droit public des marques. D'ailleurs, si aujourd'hui, le patrimoine immatériel de l'État participe pour une part importante de ses ressources, il a fallu plusieurs années avant que les pouvoirs publics prennent conscience de ce formidable enjeu économique, culturel et social et mettent en œuvre une politique de recherche associée à de nombreux dépôts de brevets, de marques et les valorisent par des contrats de licences[1].

Nous devons faire le constat de l'existence des marques publiques, en dépit de leur absence dans les codes, tout en observant qu'elles doivent faire face au défi d'exister dans un arsenal juridique contraint, qui ne leur est pas véritablement adapté.

1. La commission sur l'économie de l'immatériel a élaboré, dès le 23 nov. 2006, un rapport intitulé *L'économie de l'immatériel, la croissance de demain*, rédigé par MM. Maurice Levy et Jean-Pierre Jouyet, exposant : « Aujourd'hui, la véritable richesse n'est pas concrète, elle est abstraite. Elle n'est pas matérielle mais elle est immatérielle. C'est désormais la capacité à innover, à créer des concepts et à produire des idées qui est devenue l'avantage compétitif essentiel. Au capital matériel a succédé le capital immatériel ou, pour le dire autrement, le capital des talents, de la connaissance, du savoir. »

I. UN CONSTAT, L'EXISTENCE DES MARQUES PUBLIQUES

Si les textes ne mentionnent pas ces marques, elles sont bien présentes dans les registres des marques, dûment déposées, renouvelées et exploitées, pour certaines depuis fort longtemps.

A. UNE ABSENCE DANS LES TEXTES

Ces marques publiques, comme toute marque, sont soumises au Code de la propriété intellectuelle. Après investigations, un article pourrait se référer à ces marques, et encore sans en parler véritablement ! L'article L. 621-42 du Code du patrimoine dispose :

> « L'utilisation à des fins commerciales de l'image des immeubles qui constituent les domaines nationaux, sur tout support, est soumise à l'autorisation préalable du gestionnaire de la partie concernée du domaine national. Cette autorisation peut prendre la forme d'un acte unilatéral ou d'un contrat, assorti ou non de conditions financières. »

Cela signifie sans doute que si l'image d'un tel établissement venait à être choisie par un tiers en tant qu'objet d'un droit de marque, il faudrait disposer de l'autorisation, et ce préalablement au dépôt[2], et avant son exploitation sur le marché concerné. Il y a fort à penser, alors, que l'administration, l'institution ou l'établissement concerné revendique une contrepartie à l'usage ainsi autorisé[3].

Le Code général de la propriété des personnes publiques (CGPPP) ne traite pas directement de la question du domaine d'appartenance du patrimoine immatériel, notamment des marques[4]. Toutefois, sur le site du Conseil d'État,

2. Quoique le simple dépôt ne soit pas considéré comme un acte de contrefaçon, puisque l'usage interdit est celui qui use de la marque, en tant que telle, dans la vie des affaires, v. par deux arrêts, Com. 13 oct. 2021, n° 19-20.504, *Wolfberger*, *Rev. sociétés* 2022. 244, obs. F. Pollaud-Dulian, *D.* 2021. 1919 et *JCP* E 2021. 737 ; n° 19-20.959, *Malongo*, *Propr. ind.* 2022, comm. 10, obs. P. Tréfigny. Or, peut-être serait-il possible de rétorquer que tant que ladite marque n'est pas exploitée, il ne saurait y avoir « d'utilisation à des fins commerciales ». La prudence conduit à obtenir une autorisation avant d'investir sur un tel signe.

3. La redevance doit tenir compte des avantages procurés au titulaire de cette marque. Bien entendu, si l'image est exploitée dans le cadre de l'exercice de service public ou à des fins culturelles, artistiques, pédagogiques, d'enseignement, de recherche, d'information ou encore d'illustration de l'actualité, il n'est pas besoin d'autorisation.

4. V. néanmoins le travail de T. Saint-Aubin, « Le patrimoine immatériel des personnes publiques », fascicule sur le domaine public immatériel (45 pages) / mise à jour n° 26 du CGPPP, Guide pratique 1/2.3, éditions Weka, 2014, CGPPP, hal-01577640, p. 14 : « La propriété publique comprend des droits de propriété intellectuelle. Ceci est conforme à la décision du Conseil constitutionnel n° 94-346 DC du 21 juillet 1994 selon laquelle "la propriété publique est de même nature que la propriété privée". Les droits de propriété intellectuelle sont des biens des personnes publiques qui ne relèvent pas du domaine public.

il existe un guide des outils d'action économique[5], dans lequel la fiche 8, datée de 2024, mentionne expressément, dans la « famille Domanialité », les marques publiques[6] et, depuis une décision de 1960, il a été jugé que les marques publiques relèvent du domaine privé des personnes publiques[7].

Les marques publiques, associées à des entités publiques, qu'il s'agisse de l'État lui-même, de services publics ou encore d'institutions, véhiculent des valeurs fondamentales : « égalité, laïcité, solidarité, neutralité, intégrité, légalité, accessibilité, continuité, mutabilité », au soutien de l'entité publique, du service public, de l'établissement[8].

MONUMENT HISTORIQUE

Par exemple, l'État français, représenté par le ministre de la Culture, a déposé en 2017 une marque collective semi-figurative déposée en couleurs « Monument historique », accompagnée d'un règlement d'usage, en revendiquant une quinzaine de classes de produits et de services, afin de valoriser

La personne publique peut décider d'une cession, d'une concession ou d'une licence de ses droits de propriété intellectuelle : le bien concerné n'est donc pas inaliénable. »

5. Avec mise à jour en févr. 2024, ce guide recense 24 outils d'action économique à destination des personnes publiques ; la fiche 8 est composée de 10 pages relatives aux marques publiques.

6. Il est précisé dans cette fiche 8 : « Les marques publiques peuvent désigner une institution, un établissement, une collectivité (par ex. INSEE, CNIL, Paris Sorbonne IV, Château de Versailles...) ; un événement, une activité, une politique publique (tels que la French Tech, France université numérique, France VAE, Pôles de compétitivité...) ; des marques de "réseau" (French Healthcare, Bretagne, Parcs naturels régionaux) ; des labels (Label Rouge, AB, Qualiopi...). Elles font partie du patrimoine immatériel des personnes publiques au même titre que les propriétés littéraires ou artistiques (droit d'auteur, base de données...) ou encore les autres titres de propriété industrielle (brevets...). » Il est en outre indiqué : « La marque publique ne se confond pas avec l'image d'un bien public et l'image de marque d'un tel bien qui peuvent faire l'objet d'une protection spécifique. Ainsi, le législateur a consacré la création d'un droit à l'image sur les bâtiments des domaines nationaux afin de prévenir tout usage abusif à des fins commerciales de ces derniers (v. l'art. L. 621-42 du Code du patrimoine issu de la loi n° 2016-925 du 7 juill. 2016). »

7. CE 23 mars 1960, *Société Spiesshofer et Braun*, à propos de la marque Triumph, req. n° 46.221, *Lebon* 215.

8. Il semble d'ailleurs que les marques collectives et les marques de garantie peuvent être d'une réelle utilité, comme relevé dans la fiche 8 : « La marque collective issue de l'article L. 715-6 du CPI et la marque de garantie issue de l'article L. 715-1 du même code, pour lesquelles le titulaire de l'enregistrement définit un règlement d'usage, peuvent jouer un rôle important dans la promotion de valeurs partagées associées à un dispositif public, ou dans la délivrance d'une garantie de qualité des produits et services bénéficiant d'une "labellisation" de la part d'une entité publique. »

notre patrimoine national et nos monuments historiques dont la préservation présente, au point de vue de l'histoire, de l'art, de la science ou de la technique un intérêt public[9]. Ce ne sont bien sûr pas les seules à être associées à des valeurs, des sensations et autres sentiments. Ainsi, des marques évoquent le luxe, la haute technicité, sont « stylées » diraient les plus jeunes d'entre nous, voire, statut moins enviable, devenues désuètes, démodées...

La Cour de justice a eu l'occasion de le relever :

> « L'article 8, paragraphe 2, de la première directive 89/104/CEE du Conseil, du 21 décembre 1988, doit être interprété en ce sens que le titulaire de la marque peut invoquer les droits conférés par cette dernière à l'encontre d'un licencié qui enfreint une clause du contrat de licence interdisant, pour des raisons de prestige de la marque, la vente à des soldeurs de produits tels que ceux en cause au principal, pour autant qu'il soit établi que cette violation, en raison des circonstances propres à l'affaire au principal, porte atteinte à l'allure et à l'image de prestige qui confèrent auxdits produits une sensation de luxe. En effet, les produits de prestige constituant des articles haut de gamme, la sensation de luxe qui émane de ceux-ci est un élément essentiel pour qu'ils soient distingués, par les consommateurs, des autres produits semblables. Dès lors, une atteinte à ladite sensation de luxe est susceptible d'affecter la qualité même de ces produits[10]. »

Certes, nous sommes loin de la préservation de l'intérêt général, mais l'on voit que la marque est associée à des valeurs, à des sensations, à une image. Puisque les personnes publiques, les associations peuvent enregistrer des marques, pour se distinguer dans leur secteur d'activité, il faut considérer que, même sans poursuivre férocement des intérêts marchands, ces entités peuvent vouloir indiquer une origine particulière aux services qu'elles offrent à leurs administrés, à leurs adhérents[11].

Ces marques, parce qu'elles sont déposées par des organismes publics, doivent répondre à l'intérêt général que ces derniers portent. L'exigence sera

---

9. Le règlement d'usage prévoit ainsi : « Le droit d'usage de la Marque est automatiquement dévolu aux propriétaires publics ou privés de Monuments Historiques, aux collectivités territoriales ou à leurs groupements sur les territoires desquels sont situés un ou plusieurs Monuments Historiques ainsi qu'aux offices et comités de tourisme sur les territoires desquels sont situés un ou plusieurs Monuments Historiques. Ce droit est dévolu à compter du jour de la décision de classement ou de l'inscription au titre des Monument Historique, en application des dispositions du livre VI du Code du patrimoine » (Art. 4.2.1).

10. CJUE 23 avr. 2009, aff. C-59/08, *Dior c/ Copad*, *Propr. ind.* 2009, comm. 38, obs. A. Folliard-Monguiral.

11. D'où notre note réservée à propos d'un arrêt de la Cour de cassation approuvant les juges d'appel d'avoir retenu qu'un syndicat n'agissait pas dans la vie des affaires... Certes, au sens strict, il n'y a pas de commercialité, mais pourtant il y a bien, selon nous, un lien entre une origine particulière et des services, ce qui relève bel et bien de la fonction de la marque, aff. *La basoche c/ La bastoche*, Com. 10 mai 2011, n° 18/10.173, *Propr. ind.* 2011, comm. 72, P. Tréfigny.

appréciée en fonction de la qualité du déposant : selon qu'il s'agit de l'État lui-même ou par exemple d'un Epic, d'un musée ou encore d'une université.

B. UNE PRATIQUE INSTALLÉE

Certains ont pu discuter de l'intérêt légitime pour ces « organismes » de déposer un signe distinctif qui participe des logiques de marché ; aujourd'hui, ces marques publiques apparaissent essentielles pour valoriser leur action et procurer des ressources, parfois importantes, à leurs titulaires. Elles sont très nombreuses, souvent d'ailleurs relevant du régime des marques collectives qui permettent à toute personne qui répond au cahier des charges qui les accompagne d'en user, sans avoir besoin d'en obtenir une licence[12].

Un intérêt qui n'est pas démenti, à l'étude de la base de données de l'Institut national de la propriété industrielle[13] répertoriant de très nombreuses marques de l'Union européenne et françaises, parfois internationales (Vichy État ou Vichy Célestins, par exemple), déposées au nom de l'État français. Quelques exemples en témoignent :

Afin d'accompagner ce mouvement, l'Agence du patrimoine immatériel de l'État (APIE) a été créée en 2007, à la suite de l'une des préconisations du rapport sur *L'économie de l'immatériel, la croissance de demain* de MM. Lévy et Jouyet[14]. Depuis le 1er janvier 2020, la mission Appui au patrimoine immatériel de l'État est rattachée à la Direction des affaires juridiques et reste « chargée de promouvoir une gestion optimisée des actifs immatériels publics et d'accompagner les stratégies de valorisation de ce patrimoine[15] », ce qui passe notamment par l'accompagnement dans la création de marques publiques et leur dépôt. Cette mission explique sur son site internet comment naissent les projets de marques et de visuels (ce qui la conduit à déposer de nombreuses marques semi-figuratives) pour valoriser certaines institutions ou certains sites naturels et culturels. Quelques illustrations permettent de voir comment

12. V. art. L. 715-1 CPI, pour les marques de garantie (ou de certification dans le Règl. n° 2017/1001 du 14 juin 2017) ; L. 715-6 CPI, pour les marques collectives.
13. Une quarantaine de pages de réponses contenant 20 marques par page, en recherchant les marques déposées par l'État français...
14. Cité en note 1.
15. V. leur site : www.economie.gouv.fr/apie

ces marques publiques sont instituées, telle la mise en valeur du Mont-Saint-Michel, du canal du Midi ou encore du musée du Louvre[16].

À titre d'exemple, pour accompagner la mise en valeur du site du Mont-Saint-Michel, porté par un établissement public à caractère industriel et commercial[17], il a été décidé d'associer la communication de ce site d'exception à « une marque officielle qui valoriserait le site à la hauteur des ambitions du nouvel établissement en matière patrimoniale, culturelle, touristique et environnementale ». À cette fin, il a été nécessaire de

> « définir le périmètre de cette future marque et de construire des scénarios de nature de marque et de nommage ; de construire un socle stratégique et des messages clefs de la future marque. La marque constitue le point de départ d'une démarche commune visant à mettre le visiteur au centre de l'expérience de visite complète (exprimée dans la signature "la baie, le village, l'abbaye") tout en protégeant les ressources naturelles ».

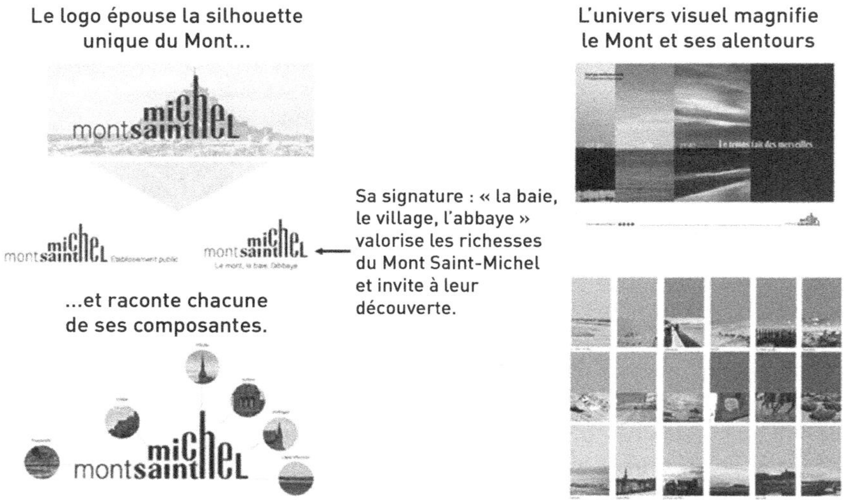

Extrait du site de la mission Apie[18].

Une marque individuelle semi-figurative française a été déposée par l'établissement public du Mont-Saint-Michel, le 18 mai 2022, pour désigner de très nombreux produits et services :

16. Le site précité est riche en exemples, conseils et fiches.
17. Epic, créé en 2020.
18. Mission APIE : d'élaborer une stratégie de marque engageante pour les parties prenantes représentant plusieurs territoires et périmètres administratifs (région Bretagne, préfecture et région Normandie, commune du Mont-Saint-Michel, comités régionaux et départementaux du tourisme, etc.) particulièrement intéressés par les retombées d'image de ce lieu emblématique.

D'autres sites naturels ont été accompagnés par la mission APIE et leur site est très instructif, sur la démarche adoptée et le résultat obtenu.

C. UNE EXPLOITATION DE PLUS EN PLUS ASSUMÉE

L'une des marques publiques les plus connues, qui traduit incontestablement une réussite, est sans doute « Le Louvre », marque nominale déposée en 2001, toutes classes de produits et services confondues[19].

En France, les premiers musées à avoir déposé des marques sont le Louvre et le musée d'Orsay. Pour le Louvre, avant la marque précitée, le premier dépôt remonte à 1973 tandis que la marque semi-figurative Musée d'Orsay l'a été en 1987 : il s'agissait alors d'en interdire la réservation par un tiers, une sorte de marque de « barrage ». Ces marques institutionnelles anciennes revendiquaient de très nombreuses classes et s'avéraient fragiles, en raison du défaut d'exploitation pour la majorité des produits et services, susceptibles de succomber à une action en déchéance pour défaut d'exploitation[20].

C'est dans les années 2000 que les musées français ont pris conscience de l'enjeu des dépôts de marques dans une approche économique. Recherchant de nouvelles sources de financement, ces établissements culturels ont développé des gammes de produits dérivés (sacs, tasses, affiches, etc.) et ont conforté leurs droits par le dépôt de marques commerciales dûment exploitées[21].

19. Par exemple, parmi les produits revendiqués, en classe 16, les « Papier et carton ; produits de l'imprimerie ; articles pour reliures ; photographies », en classe 18, les « Bagages et sacs de transport ; parapluies et parasols », en classe 25, les « Vêtements, articles chaussants, chapellerie » et en classe 28, les « Jeux, jouets ; appareils de jeux vidéo » : cela montre bien l'importance des produits dérivés pour les musées.
20. Art. L. 714-5 CPI, lorsque la marque n'a pas fait l'objet d'une exploitation ininterrompue de cinq ans, sans justes motifs.
21. Cette marque semi-figurative, déposée en noir et blanc, le 18 févr. 1999, par l'établissement public du musée du Louvre, a fait l'objet d'une concession de licence accordée à la Réunion des musées nationaux en sept. 2010 publiée au *BOPI* 2010-43 du 29 oct. 2010.

D'autres marques ont été déposées, nominales et semi-figuratives, en tant que marques nationales et de l'Union européenne, la marque « Louvre Lens » l'a été également, tout comme « Louvre Abu Dhabi ».

Alors que la mission première des musées est le partage de leurs collections et de leurs œuvres le plus largement possible, l'accès de l'art au public, la diffusion de leur patrimoine, la marque permet d'obtenir un monopole sur les signes réservés et la maîtrise des personnes qui seront autorisées à en user. Les logiques paraissent antinomiques. Pourtant, depuis plusieurs années, on assiste au rapprochement de ces univers. Les musées ont une relation plus commerciale avec leurs visiteurs : ils vendent de plus en plus souvent des produits dérivés. Le développement des marques muséales, encouragé par la Cour des comptes, illustre cette évolution. La valorisation par les marques permet aux musées et fondations d'obtenir des sources de financement beaucoup plus importantes, ce qui leur permet des investissements importants pour accueillir de nouvelles œuvres majeures, réaliser des travaux de réhabilitation de leur bâtiment, et soutenir des arts émergents. Les marques participent ainsi, en quelque sorte, à l'intérêt général poursuivi par les musées. Une marque renommée, à l'instar de l'institution éponyme, permet de diffuser notre culture et nos œuvres d'art : la stratégie de marque permet une valorisation financière solide de l'institution tout en participant au rayonnement national[22].

En suivant le modèle de la Fondation Guggenheim, créée en 1937 à New York, implantée ensuite dans différentes villes (Bilbao, Venise, Berlin, qui a fermé mais qui demeure un lieu d'exposition d'art, Abou Dhabi, à venir), les musées français ont commencé à licencier leur nom, à des villes ou à des pays étrangers. En concédant leur marque, les musées obtiennent à la fois des revenus conséquents mais aussi une reconnaissance internationale. La marque « Le Louvre Abu Dhabi » est un exemple de valorisation de la marque « LE LOUVRE ». Un contrat a été signé pour une durée de trente ans, mais les collections ne sont mises à disposition que pour une période de dix ans (quinze ans pour les expositions temporaires), en contrepartie d'une rémunération de 400 millions d'euros[23]. Il s'agit d'une des plus grandes coopérations muséales de l'histoire qui a été prolongée jusqu'en 2047. À ce jour, la licence de marque a déjà rapporté 224 millions d'euros au Louvre.

Pour le « Louvre-Lens » ou le « Centre Pompidou-Metz », des licences de marques ont été signées par les établissements culturels mais elles l'ont été à

22. J. Morand-Deviller, « La valorisation économique du patrimoine public », in *L'unité du droit, Mél. en l'honneur de Roland Drago*, Paris, Economica, 1996, p. 273-292. 170 Colloque du Conseil d'État le 6 juill. 2011, *La valorisation économique des propriétés publiques*, Paris, Doc. fr., 2012. 171 Colloque du Conseil d'État du 16 mars 2012, P. Delvolvé (dir.), *Le patrimoine immatériel des personnes publiques*, Paris, 2012, p. 27.

23. Il semblerait que le montant ainsi négocié pour cette licence soit près de sept fois celui obtenu par la Fondation Guggenheim pour un musée à son nom, installé juste à côté.

titre gratuit car elles participent d'une politique de décentralisation culturelle nationale.

Depuis 2019, le musée du Louvre développe commercialement sa marque, en acceptant par exemple des partenariats avec des créateurs et en commercialisant des vêtements[24].

Uniqlo x Musée du Louvre « La belle jardinière » 2021, © UNIQLO

Ces marques institutionnelles souhaitent profiter de cette manne financière dont elles ont besoin, utilisant « l'arketing » afin de permettre aux musées de gérer eux-mêmes leur image de marque, les valeurs qu'ils portent dans leur mission de diffusion de l'art, en s'appuyant sur des marques ellesmêmes renommées, dans leur domaine. Le Louvre permet également à des artistes de réputation internationale de choisir le musée comme écrin d'événements spectaculaires, à l'instar de JR qui, après avoir fait disparaître la pyramide du Louvre[25], par un effet d'optique, la fait apparaître surgissant de ses fondations, par collage photographique créé par anamorphose : cet événement a fait le tour du monde des actualités pour les 30 ans de cette création.

---

24. Après Swatch, Homecore, Bernardaud, Saint-Gobain, Le Palais des Thés, Buly, Vacheron, Constantin ou encore Ladurée, ce sont ainsi les marques Off-White, Officine Buly et Uniqlo (marque japonaise, forte de 2 200 boutiques à travers le monde, réparties dans une vingtaine de pays), en 2021, pour une collaboration de quatre ans. Le sous-directeur du musée expliquait en 2020 : « Timide à ses débuts, le Louvre adopte désormais une démarche plus offensive tout en restant sélectif : il ne faudrait pas risquer de dévoyer la marque Louvre. » L'image demeure primordiale. Et déjà, certains ont critiqué de telles associations, le musée du Louvre ayant choisi d'investir davantage dans des productions écoresponsables, tandis que l'industrie de la mode est l'une des plus polluantes au monde. M. Le Touher rappelait que dès 2015, le ministère de la Culture a établi un recueil de principes à respecter pour le développement des marques culturelles, ce qui prend en compte le droit de travail et l'engagement écoresponsable.

25. Imaginée par l'architecte Ming Pei et inaugurée en 1989, la pyramide du Louvre est le symbole d'un musée ouvert sur le monde.

Enfin, un dernier exemple, la société Lego a pu réaliser et commercialiser la représentation du Louvre et sa pyramide, avec ses fameuses briques emboîtables[26].

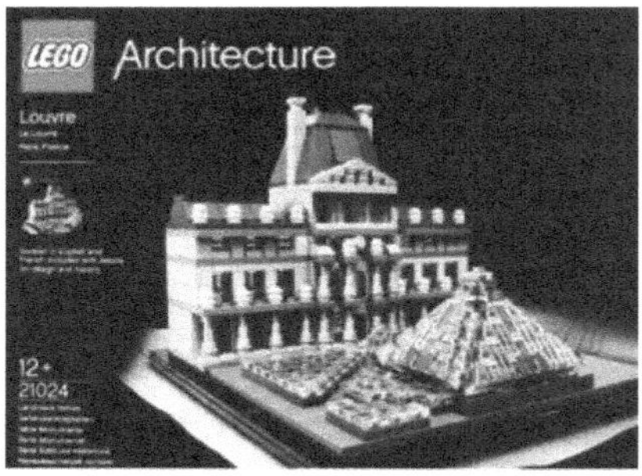

Avec ses collections et ses jardins, le Louvre est aussi devenu le premier site filmé de Paris et un lieu de visites privées, associant toujours la perception de recettes importantes à l'image du musée le plus visité au monde[27]. Le Louvre reste un musée national avec des missions d'intérêt général, tout en valorisant son patrimoine immatériel, par ses marques.

Une marque n'est pas un simple outil de communication et la stratégie de marque doit être mûrement réfléchie. Pour la mission APIE :

> « C'est un socle stratégique sur lequel s'appuyer, se référer à tous les niveaux, un guide pour l'action. La marque apparaît à la fois comme un

26. Lego explique permettre de reconstituer ce musée mondialement connu mais aussi « raconter l'histoire du Louvre, de ses collections, l'histoire des pyramides, comment édifier cette pyramide a un héritage particulier dans le monde et comment elle a inspiré les musées du monde entier qui n'hésitent plus à adosser à une structure ancienne un bâtiment moderne ».
27. Pour faciliter le travail des productions, le musée du Louvre s'est doté d'une structure dédiée. De nombreux films comportent des scènes dans ce bâtiment illustre. Ainsi, *Les Aventures extraordinaires d'Adèle Blanc-Sec*, de Luc Besson, avec ses très belles scènes au Louvre, aurait séduit **de très nombreux étrangers**. Enfin, les privatisations du musée, telles que les visites privées pour les entreprises, rapporter**ai**ent 15 millions d'euros par an. Une privatisation pour des avocats d'affaires avec un guide dédié peut coûter autour de 30 000 euros. La valorisation de la marque Le Louvre, en 2020, estimée à près de 4,5 millions d'euros.

outil de pilotage stratégique et opérationnel, un outil de communication et de commerce mais aussi un outil de management, qui fédère les personnels et le public autour d'une vision et d'un projet commun, dans le respect de la mission d'intérêt public de diffusion de la culture et de notre patrimoine. »

En réservant divers signes, réputés, en lien avec leur mission, ces musées et institutions empêchent notamment des tiers de pouvoir en user librement, parfois en heurtant leurs principes, en diluant l'intérêt de ces noms renommés. Toutefois, ces marques soulèvent, en droit des marques, plusieurs problématiques.

II. LES PROBLÉMATIQUES SOULEVÉES PAR LES MARQUES PUBLIQUES

En effet, à mieux y regarder, ces marques, souvent composées de termes génériques (presque forcément : Louvre, La Sorbonne, Patrouille de France, Statistique Publique, Mont-Saint-Michel, etc.), constituent un véritable défi pour exister dans un arsenal juridique contraint, qui, pourtant, les tolère, grâce à une certaine bienveillance. Une adaptation des marques publiques au droit privé des marques semble nécessaire même s'il reste possible d'imaginer une amélioration du droit privé en faveur des marques publiques.

A. UNE ADAPTATION DES MARQUES PUBLIQUES AU DROIT PRIVÉ

Pour admettre la validité de ces marques publiques, la stratégie s'avère délicate, avec une valorisation soumise également aux outils propres au droit privé des marques.

1. Une stratégie délicate au regard des contraintes du droit privé des marques

Si la condition de représentation claire et précise ne suscite pas en général de difficultés pour les marques publiques, le droit des marques exige également que le signe choisi soit distinctif, licite, disponible mais encore, une fois l'enregistrement acquis, une exploitation effective, réelle et sérieuse pour tous les produits et services revendiqués pour maintenir ce droit. Ces conditions, appliquées de façon rigoureuse, seraient rédhibitoires pour accéder à ce droit privatif...

a. Les marques publiques et la distinctivité, vaste programme !

La distinctivité est la condition essentielle en matière de marque. Afin de ne pas gêner excessivement la concurrence, le signe adopté doit être arbitraire au regard des produits et services revendiqués lors du dépôt de la marque[28]. Pour répondre à l'une de ses fonctions essentielles, il faut que le public concerné par la marque puisse percevoir qu'il est en présence d'un tel signe qui permet d'identifier une origine particulière pour ces produits et services. Cela concerne la condition autonome de distinctivité.

Souvent les marques publiques sont très peu distinctives au regard des produits et services désignés[29]. Ainsi, la marque « Louvre » vise en classe 41, notamment : « Divertissement ; Activités sportives et culturelles ; Édition de livres ; Organisation d'expositions à buts culturels ou éducatifs », sous l'égide du musée du Louvre. Le musée est fondamentalement associé à ce type de services et il n'est pas certain que le public perçoive une marque à la lecture ou à la vue du terme Louvre mais plutôt le musée lui-même, l'institution. Cela est moins vrai pour d'autres produits revendiqués par cette marque, pour des produits dérivés tels que : « bustes, figurines, statues ; magnets ; étui pour téléphone ; cartouche de jeux vidéo, jeux vidéo, etc. ».

Même si l'exigence de distinctivité est essentielle, avec indulgence, l'INPI mais aussi l'EUIPO, pourtant sévère en la matière, enregistrent ces signes. Il est vrai que ces dépôts sont le fait de personnes publiques qui justifient d'un droit légitime à préserver l'usage de ces termes, pour certains très connus ; de tels dépôts permettent alors d'en interdire le dépôt et l'usage par des tiers mal intentionnés ou juste intéressés par les retombées économiques. Par conséquent, de tels enregistrements de toute façon seraient nuls car motivés par une intention malhonnête et pourraient être jugés « accomplis de mauvaise foi[30] ».

L'adaptation des marques publiques passe d'ailleurs souvent par l'ajout d'un logo, de couleurs, détails qui permettent d'affirmer que la marque n'est pas composée exclusivement de termes usuels, nécessaires, échappant à la critique.

Toujours en se servant du pur droit des marques, il serait peut-être possible d'estimer que ces marques ont acquis le caractère distinctif qui pouvait leur faire défaut lors du dépôt, du fait d'un usage constant, s'inscrivant dans la

---

28. Ainsi l'article L. 711-2, 3°), 4°) et 5°) du Code de la propriété intellectuelle exclut-il l'enregistrement (et permet, à défaut, si la marque a été enregistrée, une action en nullité) de marques composées exclusivement de signes permettant de désigner une caractéristique des produits ou services, d'indications usuelles pour ces derniers ou encore de formes ou autres caractéristiques liées exclusivement avec la nature des produits ou services, la fonction technique des produits en cause ou en constituant la valeur substantielle.
29. Il n'est pas certain que face à des marques telles que : Fête de la gastronomie, Mont-Saint-Michel, Canal du Midi, Statistique Publique, CNIL, Marine nationale..., le consommateur perçoive un indicateur d'origine. Davantage, il saura que cela renvoie à un événement, une région, un site touristique ou un service, un ministère.
30. V. art. L. 711-2, 11°) CPI ou Règl. n° 2017/1001, 14 juin 2017, sur la marque UE, art. 59, 1, b) précisant que « la nullité de la marque de l'UE est déclarée lorsque le demandeur était de mauvaise foi lors du dépôt de la demande de marque ».

durée qui permet à ces marques d'être désormais perçues comme indicateur d'une origine commerciale[31] (L. 711-2 *in fine*).

Peut-être, enfin, peut-il être ajouté que l'exigence de distinctivité a pour justification le fait de laisser de la place à la concurrence. Or, il y aurait sans doute tromperie pour un tiers à déposer et à user de tels signes réputés sans motif légitime. Ce ne sont que des pistes qui sont proposées à ce stade.

b. Les marques publiques et la licéité, une protection efficace

Différentes dispositions peuvent être utiles pour s'assurer que les marques publiques n'ont pas été déposées par des tiers imposteurs. Ainsi, si l'institution ou l'organisation, voire le ministère concerné, a le bénéfice de certains signes protégés par l'article 6 *ter* de la Convention de Paris, il sera possible pour lui de faire constater le caractère illicite du dépôt[32]. Ses droits légitimes seront ainsi préservés.

Par ailleurs, un tel dépôt peut caractériser la mauvaise foi du déposant. Auparavant, il était possible d'obtenir la nullité du dépôt contesté, en se fondant sur le principe général selon lequel la fraude corrompt tout[33]. Désormais, en présence d'une disposition expresse dans notre Code de la propriété intellectuelle[34], l'organisme pourra obtenir le rejet de la demande d'enregistrement ou son annulation, sur ce seul texte, comme relevé par la Cour de cassation[35].

Enfin, sans doute, est-il possible, en présence d'un enregistrement par une personne qui ne peut justifier d'aucun droit sur le terme réservé correspondant à un organisme public, un musée ou encore une université, un site remarquable ou un site naturel reconnu, de considérer que la marque sera trompeuse[36] ou porte atteinte à une indication géographique ou une appellation d'origine[37]. Ce sont des motifs absolus qui conduisent également au rejet de la demande en cours d'examen ou à l'annulation de ladite marque, le cas échéant.

---

31. Art. L. 711-2, dernier al., CPI ; art. 7, 3, Règl. préc.
32. Soit, en cours d'enregistrement de la marque contestée, par le biais des observations que tout tiers peut formuler pour informer l'institut ou l'office de l'élément qui permet de conduire au rejet de la demande en cours d'examen (la présence d'acronymes protégés, du drapeau français, etc.) ; soit en saisissant l'institut ou l'office, une fois la marque enregistrée, d'une demande en nullité à titre principal.
33. Com. 11 janv. 2017, n° 15-15.750, *Propr. ind.* 2017, comm. 16, nos obs. ; Com. 25 avr. 2006, *CCE* 2006, comm. 90, obs. C. Caron, *RTD com.* 2007. 342, obs. J. Azéma ; v. encore, pour des exemples de demandes/dépôts accomplis de mauvaise foi, *Propr. ind.* 2018, comm. 54, nos obs. ; comm. 62, nos obs., sur opposition #Paris, reconnaissant la notoriété de la capitale…
34. Art. L. 711-2, 11°) CPI.
35. Com. 17 mars 2021, n° 18-19.774, pt 10, *Propr. ind.* 2021, comm. 61, obs. P. Tréfigny.
36. Art. L. 711-3,8° CPI.
37. Art. L. 711-3, 9° CPI.

Les marques publiques ne manquent pas d'arguments pour protéger leur nom[38].

c. Les marques publiques, un droit opposable en termes de disponibilité

Cette dernière condition offre également des solutions pour conforter les marques publiques. Ainsi, au titre des motifs relatifs permettant à toute personne de formuler des observations, à certaines de former opposition[39] en phase d'examen de la demande de marque ou encore d'agir en annulation une fois la marque enregistrée, la démonstration qu'il existe une indication géographique ou une appellation d'origine, qu'il est porté atteinte au nom, à l'image, à la renommée d'une collectivité territoriale, d'un établissement de coopération intercommunale ou encore d'une entité publique[40] constitue un motif pertinent pour interdire une réservation indue à titre de marque.

Les marques publiques bénéficient de la bienveillance des examinateurs et des magistrats pour admettre leur existence, quitte à prévoir quelque adaptation, parfois importante[41]. Les besoins d'atténuation sont moins importants s'agissant de l'exploitation exigée. Aucune décision n'a prononcé une déchéance pour défaut d'exploitation de ces marques publiques, même si la question peut se poser, forcément, pour certains produits et services, tenant la réservation de très nombreuses classes, sans nécessité[42].

2. Une valorisation et une défense soumises au droit privé des marques

Les marques publiques n'appellent guère d'observations sur ce point si ce n'est qu'elles sont utiles, voire indispensables pour obtenir une valorisation financière de l'image des biens, sites, qu'elles portent ; de même, leur défense

---

38. CE 29 déc. 2021, req. n° 434489, saisi par l'Université de Paris II Panthéon-Assas d'un recours en excès de pouvoirs, a annulé partiellement un décret autorisant seulement deux autres universités à se dénommer « Université de Paris », alors qu'il pouvait y avoir tromperie, au regard de l'histoire : « En attribuant la dénomination d'"université de Paris" au nouvel établissement issu de la fusion de seulement deux universités parisiennes, les universités Paris-V et Paris-VII, le décret attaqué est susceptible d'induire en erreur les étudiants, les partenaires français et étrangers des universités parisiennes et plus généralement le grand public, cette dénomination laissant entendre que ce nouvel établissement est l'unique successeur de l'ancienne université de Paris et, en outre, qu'il est la seule université pluridisciplinaire. Par suite, la requérante est fondée à soutenir que le décret qu'elle attaque est sur ce point, et dans les circonstances particulières de l'espèce, entaché d'erreur manifeste d'appréciation. »
39. Art. L. 712-4, 8°) CPI, ouvrant l'opposition à « toute personne de droit public [...] sur le fondement du nom sous lequel cette personne, ou ses services, exerce son activité ».
40. Art. L. 711-3, 10°), qui mentionne au titre des droits antérieurs pertinents pour obtenir le rejet de la demande d'enregistrement ou la nullité de la marque enregistrée « le nom d'une entité publique, s'il existe un risque de confusion dans l'esprit du public ».
41. V. nos obs. à propos de l'exigence de distinctivité.
42. Ceci est d'autant plus vrai que, désormais, la procédure en déchéance relevant de l'INPI, il n'est plus besoin de justifier d'un intérêt à agir...

peut user des outils mis à la disposition des titulaires de marques, parfois même en sollicitant les effets de la marque de renommée.

a. le bénéfice des contrats de droit privé des marques

L'intérêt de disposer d'une marque publique permet de raisonner en termes de propriété et, par conséquent, de conclure des contrats ayant pour objet la marque. Compte tenu de la particularité des marques publiques, comme nous l'avons exposé, il est évident qu'il s'agira davantage de contrats de licences que de contrats de cession. L'importance de préserver les missions de service public et la maîtrise nécessaire de l'image associée à l'exploitation de ces marques excluent, selon **nous**, une cession[43]. La licence (simple en général) est l'outil le plus adéquat aux besoins de valorisation des personnes publiques.

L'exemple du Louvre a montré combien la marque, objet de propriété, est utile pour pouvoir valoriser l'impact du nom ainsi approprié, en concéder différents usages, selon les secteurs concernés (produits dérivés pour des activités différenciées, vêtements mais aussi pour des articles de l'écriture, des jeux...), ce qui justifie les nombreux dépôts avec de très nombreuses classes. Sans la marque, en effet, nul contrat de licence ne serait possible car il n'y aurait pas de bien juridique dûment reconnu. Le fait de détenir des marques collectives permet même d'échapper à la formalisation d'un contrat de licence, mais cela ne peut être envisageable qu'au profit d'autres collectivités ou institutions publiques. Le contrat de licence semble préférable dès lors que l'usage de la marque publique sera confié à une personne de droit privé.

b. le choix des armes en termes de défense, un arsenal complet

Détenant une marque publique, son titulaire peut solliciter les différentes procédures qui lui permettent d'obtenir la preuve d'atteintes portées à son droit, avec la saisie-contrefaçon, le droit d'information, des mesures provisoires très utiles telles que la cessation des actes incriminés par exemple, une provision et bien entendu faire condamner toute personne qui aurait usé du signe réservé, sans y être autorisée, de telle sorte qu'il est porté atteinte à la fonction de la marque.

Il sera possible d'obtenir la réparation du préjudice subi et, selon les organismes, s'ils ont concédé des licences, ils auront sans doute avantage à solliciter la réparation alternative en termes d'indemnités forfaitaires, qui doivent être supérieures à ce qu'ils auraient perçu si le contrefacteur leur avait demandé l'autorisation par une concession légale du droit d'exploitation.

---

43. Sauf, bien entendu, à ce qu'il y ait une modification de la structure d'accueil et un transfert à un autre organisme de droit public. Ainsi, la marque Louvre a fait l'objet d'une cession au profit de l'établissement public du musée du Louvre avec une concession de licence à la Réunion des musées nationaux.

À défaut, peut-être le contrefacteur pourrait-il rétorquer qu'il n'y a pas d'exploitation commerciale et un préjudice incertain. Cela serait certainement le cas dans les secteurs où il n'y a aucune exploitation effective, avec à la clé une possible action en déchéance imaginable.

Enfin, dès lors que la marque publique est très connue, **son titulaire** pourrait fonder son action sur l'atteinte à sa marque – publique – de renommée, désormais protégée elle aussi par l'action en contrefaçon de l'article L. 713-3 du Code de la propriété intellectuelle[44] et non plus par une action spécifique en responsabilité (que conserve la marque notoire[45]). Cela permet de faire sanctionner notamment sur le terrain de la contrefaçon tout usage non autorisé hors spécialité, sans qu'il soit question de risque de confusion, dès lors qu'il est démontré que l'usage contesté, sans juste motif, tire indûment profit du caractère distinctif ou de la renommée de la marque, ou leur porte préjudice.

Les marques publiques, on le voit, peuvent être très bien protégées.

B. UNE AMÉLIORATION DU DROIT PRIVÉ EN FAVEUR DES MARQUES PUBLIQUES

Les marques publiques, de plus en plus nombreuses, peuvent bénéficier d'une véritable bienveillance dans leur accueil parmi les marques « classiques » et de moyens accrus pour se défendre de tiers usurpateurs.

1. Un accueil appuyé aux besoins des marques publiques

a. Un nombre et des actions performantes au service des marques publiques

La mission APIE en fait le constat, forte de son accompagnement :

> « Or, on s'aperçoit aujourd'hui que les entités publiques se sont emparées avec succès de cette notion pour développer de véritables stratégies de marques. Dix ans après la création de l'Agence du patrimoine immatériel de l'État (APIE), l'idée même de "marque publique" ne fait plus guère débat. La sphère publique compte plus de 15 000 marques déposées. »

Les quelques exemples choisis témoignent de cette évolution qui permet d'obtenir des sources de financement sans pour autant perdre de vue l'intérêt général poursuivi.

---

44. Art. L. 713-3 CPI : « Est interdit, sauf autorisation du titulaire de la marque, l'usage dans la vie des affaires, pour des produits ou des services, d'un signe identique ou similaire à la marque jouissant d'une renommée et utilisé pour des produits ou des services identiques, similaires ou non similaires à ceux pour lesquels la marque est enregistrée, si cet usage du signe, sans juste motif, tire indûment profit du caractère distinctif ou de la renommée de la marque, ou leur porte préjudice. »
45. Art. L. 713-5 CPI.

b. Une bienveillance bienvenue en faveur des marques publiques

Il est indéniable que ces marques publiques profitent d'une bienveillance à leur égard, perceptible depuis leur création jusqu'à leur défense, en passant par la phase de l'enregistrement. Cet accueil favorable se constate au stade de leur dépôt car elles sont souvent très faiblement distinctives, à l'absence de conséquences en termes de perte lorsqu'il n'y a pas vraiment d'exploitation pour des dépôts « toutes classes » et sans doute à l'examen de toute demande en annulation ou déchéance au regard de l'intérêt légitime de la personne publique qui doit pouvoir protéger ses signes de ralliement. Ces marques, il est vrai, répondent à des spécificités issues de leur titularité, en lien avec une mission de service public. Il est remarquable de constater que les marques publiques composées de termes étrangers résistent même – parfois – à l'interdiction édictée par la loi « Toubon » du 4 août 1994, pour, notamment, permettre leur déploiement à l'étranger[46]...

2. Des moyens accrus à la défense des marques publiques

De multiples illustrations viennent témoigner des efforts accomplis pour accompagner le déploiement des marques publiques.

46. T. Lachacinski, « Marque "Choose France" : l'État français était en droit de choisir l'anglais », Blip !, TA Paris, 6 oct. 2022, req. 2000013, 2001586 et 2006809), jugeant « que les marques "CHOOSE FRANCE", "NEXT40", "FRENCH TECH" et "FRENCH IMPACT" ne portent pas atteinte à la Loi Toubon, le Tribunal administratif de Paris rappelle que l'obligation d'emploi de la langue française qui pèse sur l'État français et les personnes morales de droit public ne les empêchent pas d'avoir recours à l'anglais dans le cadre de la promotion du commerce extérieur de la France » ; dans une décision du 22 juill., le Conseil d'État met un terme à l'affaire qui opposait la commune très touristique du Grau-du-Roi, dans le Gard, qui s'était dotée d'une marque territoriale, « Let's Grau », d'origine anglaise, à l'association Francophonie avenir, qui mettait en avant les dispositions de la loi « Toubon » sur l'emploi de la langue française. Le Conseil d'État rappelle « l'article 14, disposant que "l'emploi d'une marque de fabrique, de commerce ou de service constituée d'une expression ou d'un terme étrangers est interdit aux personnes morales de droit public, dès lors qu'il existe une expression ou un terme français de même sens approuvés dans les conditions prévues par les dispositions réglementaires relatives à l'enrichissement de la langue française [...]" ». « Sachant que la commission d'enrichissement ne se penche que sur des termes techniques ou propres à un secteur professionnel – et en aucun cas sur le vocabulaire courant –, il n'y a aucune chance qu'elle traduise un jour le terme "let's" (d'autant moins qu'il s'agit de la conjugaison du verbe "let"). Au passage, le Conseil d'État valide aussi, de facto, "Only Lyon", la marque territoriale utilisée depuis plusieurs années par la métropole de Lyon, le slogan "In Annecy Mountains" utilisé par l'agglomération d'Annecy, les marques "Audacity" (pour l'agglomération de Saint-Nazaire) ou "West Energies" (pour la SEM de la Manche dédiée aux énergies renouvelables)... Autant de termes qui appartiennent au vocabulaire courant et n'ont donc pas été traduits par la Commission d'enrichissement de la langue française. Et, pourquoi pas demain, si on pousse le raisonnement jusqu'au bout, des marques comme "Welcome Marseille", "Happy Paris" », sur le site banquedesterritoires.fr.

a. une reconnaissance légale bienfaitrice

La Convention de Paris oblige les États membres à exclure de toute réservation les drapeaux, les signes officiels, poinçons, acronymes déclarés sur la liste tenue par l'Organisation mondiale de la propriété intellectuelle dont le siège est à Genève. Par ailleurs, les collectivités territoriales, les entités publiques bénéficient d'une reconnaissance officielle dans le Code de la propriété intellectuelle, comme nous l'avons vu. Au fil des années, le code s'est enrichi en ce sens, participant à accompagner les marques publiques dans leur développement.

b. Des procédures administratives en faveur des marques publiques

Depuis la loi Consommation ou « Hamon », n° 2014-344 du 17 mars 2014, un droit d'alerte a été institué en faveur des collectivités territoriales, en cas de demande de marque qui contiendrait leur nom afin de leur permettre de réfléchir à former opposition en revendiquant une atteinte à leur nom ou leur image ou encore lorsqu'il existe une appellation ou indication géographique composée de leur dénomination[47]. La mise en œuvre de ce droit d'alerte étant gratuite, ce dernier est très utilisé. Une action en nullité, lorsque la marque a été enregistrée, est également possible.

c. Une protection en termes de contrefaçon élargie grâce à la renommée de certaines marques publiques et des dispositions relevant du droit commun

Certains signes des personnes publiques sont réputés et, à ce titre, marques publiques ou pas, il existe une protection qui peut relever du Code de la propriété intellectuelle (contrefaçon classique ; contrefaçon relevant d'une atteinte à la renommée d'une marque publique déposée ; responsabilité spécifique de l'article L. 713-5 du Code de la propriété intellectuelle, si le terme est notoire mais sans avoir fait l'objet d'un dépôt) mais également du mécanisme de responsabilité civile extracontractuelle des articles 1240 et 1241 du Code civil. En effet, la concurrence déloyale ou parasitaire doit pouvoir être mise en œuvre si une faute préjudiciable est démontrée[48].

---

47. Art. L. 712-2-1 CPI.

48. V. pour une définition récente du parasitisme par la Cour de cassation, Com. 26 juin 2024, n° 22-17.647 et 22-21.497 : « 17. Le parasitisme économique est une forme de déloyauté, constitutive d'une faute au sens de l'article 1240 du Code civil, qui consiste, pour un opérateur économique, à se placer dans le sillage d'un autre afin de tirer indûment profit de ses efforts, de son savoir-faire, de la notoriété acquise ou des investissements consentis (Com., 16 février 2022, pourvoi n° 20-13.542 ; Com., 10 juillet 2018, pourvoi n° 16-23.694, Bull. 2018, IV, n° 87 ; Com., 27 juin 1995, pourvoi n° 93-18.601, Bulletin 1995, IV, n° 193). 18. Il appartient à celui qui se prétend victime d'actes de parasitisme d'identifier la valeur économique individualisée qu'il invoque (Com., 26 juin 2024, pourvoi n° 23-13.535 ; Com., 20 septembre 2016, pourvoi n° 14-25.131, Bull. 2016, IV, n° 116), ainsi que la volonté d'un tiers de se placer dans son sillage (Com., 3 juillet 2001, pourvoi n° 98-23.236, 99-10.406, Bull. 2001, IV, n° 132).

d. Une protection issue de textes spéciaux

Ainsi, pour clore notre présentation, et à la marge, nous pouvons citer l'article 444-3 du Code pénal qui dispose :

> « Sont punies de cinq ans d'emprisonnement et de 75 000 euros d'amende : 1° La contrefaçon ou la falsification des sceaux, timbres ou marques d'une autorité publique, ou l'usage de ces sceaux, timbres ou marques, contrefaisants ou falsifiés ; 2° La contrefaçon ou la falsification des papiers à en-tête ou imprimés officiels utilisés dans les assemblées instituées par la Constitution, les administrations publiques ou les juridictions, la vente, la distribution ainsi que l'usage de ces papiers ou imprimés ainsi contrefaisants ou falsifiés ; 3° La contrefaçon ou la falsification d'estampilles et de marques attestant l'intervention des services d'inspection ou de surveillance sanitaire de la France ou d'un pays étranger. »

Peut également être relevée la mention très ciblée faite de la prohibition de la reproduction sans autorisation, sous peine d'amende administrative ne pouvant excéder 100 000 euros, des « signes distinctifs relatifs à un service public » pour les publicités et pratiques commerciales relatives à des prestations de travaux domestiques. Sont essentiellement visées les cartes distribuées en boîte aux lettres, donnant une liste à la fois des numéros publics ou d'urgence et de divers prestataires de dépannage, parfois revêtus du sceau d'une commune, de la République française ou encore de la Marianne[49].

Enfin, nous pouvons citer l'article L. 121-1 du Code de la consommation, qui condamne toute pratique commerciale trompeuse, ce qui est le cas lorsqu'elle crée une confusion avec un autre bien ou service, une marque, un nom commercial ou un autre signe distinctif d'un concurrent. Cela pourrait très bien concerner une marque publique, sous réserve que le tiers puisse **en** faire « commerce ».

Cette étude sur les marques publiques nous a conduit à réfléchir sur le régime applicable à ces marques, alors que le Code de la propriété intellectuelle ne les envisage pas expressément.

---

19. Le savoir-faire et les efforts humains et financiers propres à caractériser une valeur économique identifiée et individualisée ne peuvent se déduire de la seule longévité et du succès de la commercialisation du produit (Com., 5 juillet 2016, pourvoi n° 14-10.108, Bull. 2016, IV, n° 101) et, les idées étant de libre parcours, le seul fait de reprendre, en le déclinant, un concept mis en œuvre par un concurrent ne constitue pas, en soi, un acte de parasitisme (1re Civ., 22 juin 2017, pourvoi n° 14-20.310, Bull. 2017, I, n° 152). »

49. Art. L. 731-1 s. CPI, issus de la loi n° 2014-344 du 17 mars 2014.

Les licences d'office sous l'angle de l'action publique

MATTHIEU DHENNE
Avocat à la Cour,
Représentant devant la Juridiction unifiée du brevet (JUB),
Docteur en droit

Le 23 avril 2021, M. le Président Emmanuel Macron s'est déclaré défavorable à la levée des brevets relatifs aux vaccins avant d'opérer une volte-face le 6 mai à la suite d'une déclaration de l'administration états-unienne. Par ailleurs, le 8 avril 2021 une proposition de loi autorisant l'octroi d'une licence d'office de brevet dans l'intérêt de la santé publique en cas d'extrême urgence sanitaire a été déposée au Sénat par M. le sénateur Ronan Le Gleut[1]. Mais qu'entend-on par « levée des brevets » et « licence d'office » ? En quoi se différencient-elles ? Dans la présente étude, nous verrons que si la levée des brevets est une fausse bonne idée, la licence d'office offre un potentiel de rééquilibrage du droit des brevets susceptible de renforcer la légitimité de ce dernier, que l'action publique devrait donc envisager, mais qui demeure inutilisé en raison de textes inapplicables en l'état.

1. Il faut, à titre liminaire, rappeler les discours qui nourrissent ce débat. D'un côté, nous avons les prétendus partisans de la licence d'office, qui y voient un moyen de faire des vaccins des « biens communs de l'humanité[2] » ou

1. Texte n° 524 déposé le 8 avr. 2021 par M. le sénateur Ronan Le Gleut. Texte qui reprend les propositions du rapport rendu en mai 2020 par l'Institut de Boufflers (*Covid-19 : comment mettre en œuvre la licence d'office*, Éditions de Boufflers, 2020, disponible sur institutbouffflers.org) ainsi que celles de la Tribune collective publiée en mars 2021 par des spécialistes du droit des brevets et du droit de la propriété (« Pour une politique du brevet au service de la santé publique », version courte in *Les Échos*, 11 mars 2021 et version longue in *JCP* 2021. 284). Ensemble de propositions synthétisées avec des propositions de modifications des textes que l'on retrouve dès un article publié en janv. 2021 dans la *Revue générale de droit médical*. V., E. Berthet et M. Dhenne, « Covid-19, droit des brevets et accès aux soins : quid de la licence d'office en droit français ? », *RGDM* 2021. 83.
2. V. par ex. F. Euvé, « Le vaccin comme bien commun », *Études* 2021/3, p. 5.

encore des « biens publics mondiaux[3] », ou ceux de la levée des brevets, les trois notions demeurant le plus souvent confondues[4]. De l'autre côté, nous avons les prétendus partisans des brevets, pour qui la licence d'office reviendrait à spolier le fruit de leurs recherches, et selon qui elle serait inutile car seule l'insuffisance des « capacités industrielles » serait en cause et pourrait freiner la fabrication des vaccins, notamment en France[5]. Malheureusement, les raccourcis qu'empruntent ces opinions, qui les rendent sans doute politiquement séduisantes, conduisent à les penser avec d'autant plus de prudence. Nous analyserons donc, dans un premier temps, ce débat public à la lumière des règles de droit, afin de démontrer qu'il s'agit, juridiquement, d'un faux débat (**I**), avant, dans un second temps, d'aborder ce qui pourrait devenir le vrai débat à venir : la licence d'office (**II**).

I. LE FAUX DÉBAT NÉ DE LA CRISE COVID-19

2. **Les brevets en cause.** – L'absence de brevets ou leur inutilité dans la fabrication des vaccins a été le premier argument avancé par l'industrie pharmaceutique. Il est vrai qu'à l'heure du débat aucun brevet visant directement un vaccin *per se* n'avait, à notre connaissance, été délivré, puisque cette délivrance exige au préalable le dépôt d'une demande auprès d'une administration qui l'examine au cours d'une procédure qui dure au moins deux ans. Cependant, déjà à l'époque, l'absence de tels brevets délivrés n'était pas synonyme d'absence de brevets susceptibles de faire obstacle à la fabrication des vaccins. D'abord, c'est la demande de brevet, et non sa délivrance, qui constitue l'origine du droit de brevet. Ce dernier bien qu'imparfait jusqu'à la délivrance du titre n'en demeure pas moins existant et de nature à permettre d'engager une action en contrefaçon. Ensuite, la fabrication des vaccins implique avant tout des procédés, qui eux peuvent être antérieurs à la pandémie et être l'objet de brevets. C'est le cas de l'ARN messager et des nanoparticules de lipides, par exemple, sur lesquels BioNTech[6] et Moderna[7] détiennent de nombreux brevets. De même, l'Université d'Oxford détient des droits relatifs à la

---

3. V. par ex., l'UNESCO qui appelle à considérer le vaccin contre la Covid-19 comme un bien public mondial : https://fr.unesco.org/news/lunesco-appelle-considerer-vaccin-contre-covid-19-bien-public-mondial.
4. Les nombreuses déclarations de Mme la députée européenne Manon Aubry en sont les meilleurs exemples, V. not. https://manonaubry.eu/mes-combats/humeur/levee-des-brevets-sur-les-vaccins-chronique-dun-cas-decole-de-bal-des-hypocrites-en-macronie.
5. V. not. une lettre adressée à la Présidence de la République par des acteurs concernés par les brevets : https://www.aspi-asso.fr/attachment/2152542/.
6. Public Citizen, 16 nov. 2020, M. Gaviria, B. Kilic, « BioNTech and Pfizer's BNT162 Vaccine Patent Landscape » : https://www.citizen.org/article/biontech-and-pfizers-bnt162-vaccine-patent-landscape/.
7. Public Citizen, M. Gaviria, B. Kilic, « mRNA-1273 Vaccine Patent Landscape (For NIH-Moderna Vaccine) » : https://www.citizen.org/article/modernas-mrna-1273-vaccine-patent-landscape/.

technique de l'ADN recombinant utilisée pour le vaccin d'AstraZeneca, à laquelle elle a accordé une licence exclusive[8]. Certes, Moderna avait annoncé qu'elle n'invoquerait pas ses brevets durant la pandémie, mais cela ne signifiait pas pour autant qu'elle ait renoncé à ses droits. Moderna ne renonçait à rien, bien au contraire : elle exerçait son droit (très) intelligemment en donnant accès à ses techniques brevetées sous des conditions imposées par elle seule *via* ce que l'on appelle un « *Patent Pledge*[9] » (littéralement un engagement à donner accès à ses brevets). Et la suite de l'histoire confirma notre analyse d'alors : dès août 2022, Moderna n'a pas manqué d'introduire des actions en contrefaçon de ses brevets qu'elle avait pourtant incité ses concurrents à exploiter gratuitement[10].

3. ***Quid* du savoir-faire et des « capacités industrielles » ? –** Quoi qu'il en soit, les brevets seraient, en tant que tels, inutiles sans le savoir-faire indispensable pour mettre en œuvre leurs enseignements. Le savoir-faire sera en particulier nécessaire quand il s'agira de constituer un dossier en vue de l'obtention d'une autorisation de mise sur le marché. D'où un second argument : la fabrication des vaccins exige davantage de savoir-faire que des brevets, et seuls les brevetés détiennent ce savoir-faire et peuvent le mettre en œuvre. Cet argument important est récurrent, notamment quand on évoque l'insuffisance de « capacités industrielles » pour produire les vaccins. Seulement, rien, sinon l'absence de volonté politique, ne s'oppose à ce que la licence d'office s'étende au brevet ainsi qu'au savoir-faire nécessaire pour son exploitation, comme le propose d'ailleurs le texte déposé au Sénat le 8 avril.

Quant à l'argument selon lequel non seulement la France n'aurait pas les « capacités industrielles », mais qu'il serait en outre trop long et/ou trop compliqué de développer de telles capacités, il ne fait tout d'abord guère de doute qu'aucun acteur économique n'ira investir là où il n'est pas libre d'exploiter, c'est-à-dire là où des brevets peuvent interdire l'exploitation. Sans oublier qu'il ne faut pas être un expert de la production pharmaceutique pour savoir que là aussi rien n'est impossible pour la mise en place de capacités de production s'il existe une volonté politique. D'ailleurs, quand bien même cela prendrait du temps, ce développement de nouvelles capacités industrielles serait autant générateur d'emplois qu'utile pour les renouvellements de vaccins et/ou pour d'autres pandémies[11].

---

8. V., C. Garrison, « How the "Oxford" Covid-19 vaccine became the "AstraZeneca" Covid-19 vaccine », https://medicineslawandpolicy.org/2020/10/how-the-oxford-covid-19-vaccine-became-the-astrazeneca-covid-19-vaccine/.
9. M. Dhenne, « Vaccins anti-Covid et licence d'office : de quoi parle-t-on ? », *Les Échos*, 15 avr. 2021. V., J. Contreras, « Desconstructing Moderna's COVID-19 Patent Pledge » : https://blog.petrieflom.law.harvard.edu/2020/10/21/moderna-covid19-patent-pledge/.
10. « Covid-19 : Moderna porte plainte contre Pfizer-BioNTech pour violation de brevet concernant leur vaccin », *Le Monde*, 26 août 2022.
11. M. Dhenne, « Covid-19 : la renaissance de la licence d'office ? », *AJ contrat* 2020. 479.

4. **Suspension de la propriété intellectuelle (« *IP Waiver* » et licence d'office).** – Des discussions sont néanmoins en cours au sein de l'OMC en vue d'instaurer une exception propre à la pandémie Covid-19[12]. Non seulement lesdites discussions, qui visent essentiellement les brevets (ainsi que le savoir-faire au sens des Accords sur les aspects des droits de propriété intellectuelle qui touchent au commerce [ADPIC]), font face aux blocages de certains pays, mais, en outre, elles donneraient naissance à une exception nous paraissant peu justifiable au regard de l'économie du système des brevets. Le droit de brevet, qui permet la réservation temporaire d'un enseignement technique, connaît comme tout droit des limitations assurant l'équilibre du système sur lequel il repose. La licence d'office constitue ainsi un mécanisme régulateur visant à éviter les abus de droit, tout en garantissant cependant des redevances aux brevetés, lesdites redevances permettant de récompenser équitablement la recherche.

5. **« Biens communs de l'humanité »/« biens publics mondiaux ».** – Ces deux expressions, dorénavant centrales dans le débat, sont encore souvent associées à la licence d'office, bien qu'aucune d'entre elles ne corresponde à la réalité juridique du droit des brevets d'invention.

Du point de vue du droit international, ces deux expressions tendent à désigner une expropriation des brevetés. Il faudrait « lever les brevets » pour faire des vaccins des « biens communs de l'humanité » ou des « biens publics mondiaux », afin que tout un chacun puisse produire des vaccins. Mais de telles expropriations seraient contraires à l'engagement international de la France dans le cadre du traité sur les ADPIC signé dans le cadre de l'OMC, lequel encadre les utilisations des brevets sans l'autorisation des brevetés. Ainsi, en application de ce traité, un droit de brevet peut être limité, mais en aucun cas nié. Autrement dit, le traité sur les ADPIC fait obstacle à ce qui s'apparenterait à une forme d'expropriation qui résulterait d'une « levée des brevets » susceptible de les transformer en « biens communs de l'humanité » ou en « biens publics mondiaux ».

Du point de vue du droit des biens, un brevet permet l'appropriation effective d'un bien, qui consiste dans une invention, par nature immatérielle, et ne se confond pas avec une réalité matérielle comme le vaccin. Il en découle qu'exproprier les brevetés rendrait communes différentes inventions liées aux vaccins, mais ne transformerait pas pour autant les vaccins en biens communs. Plus concrètement, sans la détention du savoir-faire et des capacités de production, il demeurera impossible de fabriquer des vaccins. *Last but not least*, l'accès gratuit aux brevets n'éliminerait pas à lui seul les coûts de production et ne ferait donc pas à lui seul des vaccins des communs.

---

12. *Members discuss TRIPS waiver request, exchange views on IP role amid a pandemic*, https://www.wto.org/english/news_e/news21_e/trip_23feb21_e.htm.

6. **Levée des brevets et licence d'office.** – Ce dernier point est sans doute le plus délicat au regard de toutes les confusions qui ont été faites entre ces notions. Un fossé les sépare pourtant, et devrait peut-être inciter les acteurs intéressés par la propriété industrielle à s'interroger sous un nouvel angle. Qu'entend-on précisément par « levée des brevets » ? En quoi la distingue-t-on de la licence d'office ? C'est une expropriation sans doute, et non une limitation de l'exercice du droit (comme la licence d'office), bien qu'elle soit censée être temporaire (même si nous tendons à penser que ce serait du temporaire qui dure). Quelle procédure appliquer ? On peut imaginer que chaque État devrait exproprier chaque brevet en indemnisant néanmoins le propriétaire (comme cela est possible en matière mobilière). Reste cependant la question de l'évaluation de l'indemnisation elle-même. Mais ce ne sont là que des suppositions. On peut tout aussi bien imaginer un scénario bien pire, sans indemnisation notamment.

7. **Les remises en causes régulières des brevets.** – La licence d'office a souvent été diabolisée, comme une sorte de spoliation publique de la recherche. Ce qu'elle n'est point en réalité. Des conditions strictes sont imposées, une procédure spécifique et des redevances proportionnelles à l'exploitation de l'invention assurées. On comprendra aisément que l'intervention étatique puisse faire peur, en raison de la perte du contrôle de la production d'un médicament, par exemple, que cela implique. Mais tout un chacun comprendra aussi que qui embrasse trop mal étreint. Les brevets sont systématiquement les premières cibles en période de crise : des médicaments de la fin du XIXe siècle à la loi du 2 janvier 1968, la chimie dans les années 1920, l'informatique dans les années 2000. La légitimité même des brevets demeure quoi qu'on en dise fragile, alors même que c'est un système qui stimule la recherche en la récompensant. Toutefois, il convient, à notre sens, de comprendre également que tout droit connaît des limites, qu'à trop vouloir un droit absolu, on risque de ne plus en avoir du tout. Autrement dit, une réforme en faveur d'une licence d'office reste, selon nous, la meilleure issue pour éviter de salir, voire de redorer, le blason de notre matière. C'est peut-être une occasion de réfléchir au rôle potentiel de la licence d'office (**II**).

II. UN VRAI DÉBAT À VENIR SUR LA LICENCE D'OFFICE ?

8. La crise sanitaire actuelle a donné lieu à une résurgence des licences d'office, bien que ces dernières demeurent finalement peu utilisées si on les envisage globalement, d'un point de vue international. Peut-être cette situation pourrait-elle évoluer à la lumière de la pandémie, en particulier parce que la licence d'office pourrait devenir un levier économique majeur face à une éventuelle crise économique.

9. **Principes de licence d'office.** – La licence d'office dans l'intérêt de la santé publique, qui constitue une catégorie de licence obligatoire, est censée être

l'exception à invoquer pour l'urgence extrême d'une crise sanitaire comme la Covid-19, notamment si des brevets sont susceptibles de freiner la résolution de cette dernière (Art. L. 613-18). L'article 31 de l'Accord sur les ADPIC soumet cependant ladite licence à un grand nombre de conditions : l'examen de l'autorisation au cas par cas ; la négociation, qui doit être préalable, avec le titulaire du droit (sauf en cas d'urgence) ; les durée et portée de la licence sont limitées à l'objet pour lequel elle a été autorisée ; la licence doit être non exclusive, incessible, et destinée principalement à l'approvisionnement du marché intérieur du membre qui l'a autorisée ; l'autorisation peut être retirée si et lorsque les circonstances qui l'ont motivée cessent d'exister et ne se reproduiront probablement pas ; une rémunération adéquate, qui est soumise à un contrôle judiciaire ou à un autre contrôle indépendant. Par dérogation à l'article 31, point f), l'article 31 *bis* prévoit que les médicaments peuvent être produits sous licence d'office par des fabricants basés dans un pays tiers et être importés dans un pays importateur plus pauvre qui n'est pas en mesure d'assurer l'accès aux médicaments à des prix abordables et de les fabriquer lui-même.

10. **Limites des licences d'office.** – Ce système n'a été utilisé qu'en de rares occasions et presque uniquement par les pays en développement. Et la crise de la Covid-19 a conduit principalement au même constat. Même l'exception de l'article 31 *bis*, bien qu'elle ait été le résultat d'âpres négociations à l'OMC, n'a été appliquée qu'une seule fois depuis son entrée en vigueur, et sa mise en œuvre a été vivement critiquée pour sa complexité[13] et sa lenteur[14]. Face à la Covid-19, certains ont rapidement constaté que la licence d'office était inefficace et ont conclu que l'expropriation était la seule solution en cas de besoin[15]. Cette réaction a semblé naturelle, car, en fait, le système semble n'avoir pratiquement jamais été utilisé en Europe – sauf en Allemagne[16] – et jamais aux États-Unis où toutes les demandes ont été rejetées[17].

Au-delà d'une illustration de l'adage *exceptio est strictissimae interpretationis*, on voit dans cette inefficacité le résultat d'un mécanisme peu clair et trop strictement délimité. Par exemple, l'intérêt public, qui est central, n'est pas défini. En outre, une seule exception a été prévue à l'article 31 *bis* et les pays

13. B. Anderson, « Better access to medicines : why countries are getting "tripped" up and not ratifying article 31 – *bis* », *Case Western Reserve Journal of Law, Technology & the Internet* 2010, p. 173.
14. A. Nightingale, « WTO "Paragraph 6" system for affordable medicine : time for change ? », https://www.ip-watch.org/2016/11/14/wto-paragraph-6-system-affordable-medicines-time-change.
15. F. Pochart, M. Rauline et O. de La Verteville, « Compulsory licenses granted by public authorities : an application in the Covid-19 crisis in France ? Part 2 », http://patentblog.kluweriplaw.com/2020/04/24/compulsory-licenses-granted-by-public-authorities-an-application-in-the-covid-19-crisis-in-france-part-2.
16. P. Maume, « Compulsory licensing in Germany », *in* R. Hilty et K.-C. Liu (éd.), *Compulsory licensing : practical experiences and ways forward*, Springer, 2015, p. 95-120.
17. J. R. Thomas, « March-in rights under the Bayh-Dole Act (Congressional Research Service, August 22, 2016) », https://fas.org/sgp/crs/misc/R44597.pdf.

à haut revenu ont opté pour la non-application de cette disposition, même dans les cas d'extrême urgence[18]. Or, ce sont ces mêmes pays qui n'ont plus de capacités de fabrication de principes actifs sur leur territoire, car elles ont été externalisées, principalement vers la Chine ou l'Inde. Ainsi, pour un pays à haut revenu, une licence d'office devra également être accordée pour le même médicament dans le pays exportateur, qui doit déjà avoir été fourni. En outre, une telle dérogation tend à cloisonner les marchés, permettant une totale liberté de prix, et autorise donc des prix différents selon les régions. Le risque réside finalement dans la fixation de prix qui ne sont pas liés aux coûts de fabrication ou de développement, mais à la valeur perçue d'un médicament dans le traitement de la Covid-19. Ce type de situation s'est déjà produit dans le cas de la molécule sofosbuvir pour le traitement de l'hépatite C[19]. À partir de 2016, un nombre croissant d'Américains atteints d'hépatite C se sont rendus en Inde pour acheter du sofosbuvir, en raison de son coût élevé aux États-Unis[20]. Ce phénomène étant lié au fait que le prix des médicaments est fixé par les fabricants pays par pays.

Enfin, même si des licences sont accordées pour les brevets, des autorisations réglementaires sont toujours nécessaires pour commercialiser un médicament. Cela signifie, premièrement, que la commercialisation nécessite des essais cliniques très longs et coûteux pour prouver qu'un médicament est aussi efficace que sûr, et toutes les données fournies aux agences sont confidentielles. Cela représente également une contrainte importante, du moins pour les médicaments les plus récents. Deuxièmement, que certaines dispositions réglementaires peuvent empêcher l'exploitation de la licence. Dans l'Union européenne, par exemple, si la licence est accordée trop tôt, on entrera dans la période dite de protection des données (8 + 2 + 1 ans) pendant laquelle le licencié ne pourra pas obtenir d'autorisation de mise sur le marché (Règl. européen n° 726/2004) et si le produit couvert par le brevet bénéficie d'une désignation orpheline, son propriétaire bénéficiera d'une exclusivité commerciale de dix ans (Règl. européen n° 141/2000), plus deux ans dans le cas d'un plan d'investigation pédiatrique (Règl. européen n° 1901/2006). Ainsi, la seule solution serait de coupler la licence de brevet à une licence portant sur l'AMM, ce qui complexifierait encore davantage la situation.

11. **Idées fausses sur la licence d'office.** – La relative inefficacité de la licence d'office face à la crise sanitaire actuelle a suscité peu de réactions[21]. Cela résulte de l'impopularité et de la diabolisation de ce type de licence, qui

18. *Annex to the TRIPS Agreement, art. 1(b), footnote 3.*
19. A. Pollack, « High cost of Sovaldi hepatitis C drug prompts a call to void its patents », *The New York Times*, 19 mai 2015.
20. WebMD, « More Americans and Chinese Traveling to India for Hepatitis C Treatment », http:/webmd.cn/en/americans-chainese-travel-india-hepatitis-c-treatment.
21. V. néanmoins E. Berthet, M. Dhenne et L. Vial, *Covid-19 : how to implement the ex officio license*, Les Éditions de Boufflers, 2020, https://www.institutboufflers.org/edb.

demeure l'objet de certains mythes, comme celui consistant à en faire une expropriation, bien qu'il ne s'agisse en réalité que d'une limitation des prérogatives du titulaire du droit. Le breveté, par exemple, reste libre d'utiliser son invention (*usus*), de percevoir des redevances (*fructus*), mais est dépossédé d'un attribut de sa propriété, puisqu'il est contraint de conclure un contrat non souhaité (perte partielle de l'*abusus*). Un autre mythe, *a priori* infondé, réside dans l'idée selon laquelle l'octroi de licences d'office entraverait l'innovation en privant les investissements de brevetés de leurs récompenses. Une étude économique récente prouve pourtant que les licences imposées à la suite de la Première Guerre mondiale ont augmenté les demandes de brevets dans le secteur de la chimie d'au moins 20 % aux États-Unis[22]. De fait, le mécanisme vise à compenser un manquement du breveté : soit son incapacité à fournir un marché, soit son incapacité à le fournir à un prix raisonnable[23]. Il permet en outre d'éviter les coûts de nombreuses négociations bilatérales avec des partenaires potentiels, puisque cette tâche sera laissée à l'État qui demande la licence. Enfin, un système de licence d'office efficace pourrait servir de levier aux États pour inciter les fabricants brevetés à délocaliser des usines sur leurs territoires ou à baisser les prix, notamment pour donner accès aux soins de santé en temps de pandémie et pour relancer leur économie pendant et après ladite pandémie.

12. **Mesures de rééquilibrage. –** Des députés européens[24] et français[25] ont toutefois proposé d'adopter des licences d'office respectivement pour l'Union européenne et la France. Cela dit, il conviendrait au préalable de rééquilibrer le système, afin qu'il devienne réellement efficace. Il faudrait tout d'abord étendre le statut de pays importateur, selon l'article 31 *bis* de l'ADPIC, aux pays à haut revenu[26]. On pourrait également préciser que la licence couvre les demandes de brevet, les certificats complémentaires de protection et tous les éléments raisonnablement nécessaires à la commercialisation de l'invention. En ce sens, l'Afrique du Sud a récemment proposé une approche plus globale de l'utilisation des flexibilités de l'ADPIC pour diverses formes de propriétés intellectuelles et diverses techniques nécessaires pour prévenir et guérir de la

22. P. Moser et A. Voena, « Compulsory licensing – Evidence from the Trading with the Enemy Act », *National Bureau of Economic Research Working Paper No. 15598* (2009), http://www.nber.org/papers/w15598.
23. V. par ex. articles 35 U.S.C., § 203 et L. 613-16 du Code de la propriété intellectuelle français.
24. https://msfaccess.org/sites/default/files/2020-03/Letter_Covid_A_letter_from_European_Members_of_Parliament_to_the_Commission_25.03.2020_ENG_0.pdf.
25. Proposition de loi n° 2814 du 7 avr. 2020 déposée par le groupe La France insoumise, http://www.assemblee-nationale.fr/dyn/15/textes/l15b2814_proposition-loi.
26. Des déclarations récentes d'un membre de la Commission semblent confirmer cette piste. V., T. Balasubramaniam, *EU Trade Commissioner Phil Hogan issues statement on European Union compulsory licensing in context of COVID-19, makes important statement about TRIPS Article 31bis*, https://www.keionline.org/33284.

Covid-19[27]. De même, une clarification des règles semble cruciale. La notion d'intérêt public pourrait notamment être caractérisée, par exemple, en prévoyant, comme dans la section 41(2) de la loi anglaise sur les brevets d'invention de 1949, que les médicaments doivent être mis à la disposition du public « au prix le plus bas compatible avec les avantages que les brevetés doivent équitablement tirer des brevets ».

Enfin, des mesures devraient également être prises en ce qui concerne les dispositions réglementaires. Deux mesures sont notamment à envisager en Europe : introduire une exception à la protection des données relatives à l'autorisation de mise sur le marché et à l'exclusivité commerciale dans le cas d'une licence d'office ; permettre une autorisation temporaire si les thérapies, bien qu'existantes, sont mises à disposition en quantité ou en qualité insuffisante ou à des prix anormalement élevés.

13. Pour conclure, il semble que la nouvelle remise en cause née de la pandémie Covid-19 devrait nous conduire à nous interroger sur la finalité sociétale du droit des brevets. Les débats de la pandémie ont offert, selon nous, l'opportunité de renforcer la légitimité du système des brevets, en y instillant davantage de juste mesure[28]. Espérons que ce nouvel espoir ne soit pas vain bien que, pour reprendre Spinoza, « il ne peut y avoir d'espoir sans peur, et pas de peur sans espoir[29] ».

Mots-clés : Covid-19 – Levée des brevets – Licence d'office – Licence obligatoire

27. WTO, « Intellectual property and the public interest: beyond access to medicines and medical technologies towards a more holistic approach to TRIPS flexibilities (Communication of South Africa) », 17 juill. 2020, IP/C/W/666.
28. V., M. Dhenne, « Covid-19 : une leçon sur la juste mesure en droit des brevets ? Des licences d'office dans l'intérêt de la santé publique », *Propr. ind.* 2020. Étude 11 ; « Covid-19 : de l'équilibre entre brevets et accès aux soins », *D.* 2020. 976 ; « Covid-19 : l'espoir d'un "monde d'après" pour la propriété intellectuelle ? », *D.* 2020. 2257.
29. Spinoza, *Éthique*, Partie III, Prop. L.

TITRE 2

La valorisation des actifs immatériels des collectivités publiques

Numérisation, scan 3D, tokénisation et musées

JEAN-MICHEL BRUGUIÈRE
Professeur à l'Université Grenoble Alpes,
Directeur du CUERPI (CRJ),
Avocat au barreau de Paris Cabinet DDG

1. **Baisse des subventions publiques. Valorisation des richesses.** Les musées, et je parle avant tout des musées nationaux[1], qui sont, comme on le sait, soit des Établissements publics industriels et commerciaux (EPIC), soit des services à compétence nationale, sont aujourd'hui exposés à une double difficulté : la baisse de fréquentation due à la Covid (cela va beaucoup mieux semble-t-il) et surtout la baisse des subventions publiques. Un rapport de l'Assemblée nationale[2] fait ainsi apparaître pour 2019 un taux d'autofinancement de 36 % pour le Centre Pompidou, 59 % pour Orsay, 56 % pour le Louvre. D'un musée à l'autre, les chiffres sont différents, mais l'on peut dire globalement que les musées doivent à 50 % s'autofinancer suite à ces baisses de subventions publiques. Il faut ajouter à cela le fait que les musées, en tant que services publics, sont tenus à un principe de mutabilité. Cela signifie s'adapter aux technologies nouvelles pour assurer ses missions et ne pas en rester au « tambour de ville[3] ». Ces facteurs expliquent la volonté d'investir de nouveaux domaines et de valoriser les richesses qui sont détenues. C'était le cas hier avec la numérisation des œuvres (numérisation des fonds photographiques, des cartes géographiques) mais encore avec la réalisation de scans d'œuvres emblématiques, je vais y revenir dans un instant avec le jugement *Rodin*, mais également la chalcographie qui est, à l'origine, une sculpture sur du cuivre et aujourd'hui sur tout métal que pratique notamment le musée du Louvre (je vous invite à consulter son catalogue de gravures en ligne).

1. Le style oral de cette intervention a été volontairement maintenu.
2. Rapport n° 1745, Annexe 11 P. Lottiaux, enregistré le 14 oct. 2023.
3. Pour un tel constat à propos de la diffusion des données publiques, v. J.-M. Bruguière, *Les données publiques et le droit*, Paris, Litec, 2002.

2. **Valorisation des richesses. Tokénisation des œuvres. Expériences et réticences.** Ceci est encore le cas avec les jetons non fongibles (ou NFT). Plusieurs grands musées européens se sont engagés, pour cette raison, dans la mise en vente de jumeaux numériques d'œuvres de leurs collections sous la forme de NFT[4]. Ceci est le cas de la galerie des Offices à Florence, qui s'est associée à l'entreprise italienne Cinello pour créer un NFT du *Tondo Doni* de Michel-Ange vendu 240 000 €, mais encore pour le musée de l'Ermitage, à Saint-Pétersbourg, qui a récolté 440 000 $ pour la vente aux enchères de cinq NFT associés à des répliques numériques d'œuvres de Léonard de Vinci, Van Gogh, Monet et d'autres grands maîtres en partenariat avec l'entreprise Binance. Le British Museum, de son côté, a vendu des NFT sur des œuvres d'Hokusai puis de Turner dans le cadre d'un partenariat avec la start-up française LaCollection. En France, c'est la fondation Vasarely qui a été la première institution privée française d'utilité publique à s'y aventurer. Très satisfaite de ses premières ventes de NFT, elle a vu tout de même ses prix fluctuer de 600 à 400 €. Nous touchons ici une difficulté essentielle. Le marché des NFT est devenu un marché mafieux. L'on comprend dès lors les réticences des musées à s'y lancer sans réflexion, au risque d'un préjudice d'image. Celui-ci peut tout de même redevenir un jour plus fréquentable (il est toujours délicat de jouer les « Madame Soleil »). Il faut par ailleurs observer que la vente de NFT pourrait être un moyen de financer des conservations et restaurations d'œuvres, d'exposer des œuvres numériques natives et peut-être aussi (ce qui est une tout autre facette) d'authentifier les œuvres comme une sorte de passeport numérique…

3. **Valorisation des richesses. Outils juridiques.** Les musées doivent certainement valoriser les richesses qu'ils détiennent. Ils doivent aussi protéger les investissements technologiques qu'ils ont faits. Il y a un côté offensif et défensif. La question se pose donc de savoir à l'aide de quels outils juridiques. La propriété intellectuelle, certainement. C'est l'objet du colloque cette année. Celle-ci est d'ailleurs entendue largement pour englober le parasitisme économique. Mais point seulement. Il y a aussi peut-être le droit des biens publics et des services publics. Un droit dont on verra qu'il est encore peu adapté à l'incorporel.

Pour le montrer j'envisagerai successivement :
- le droit de « tokéniser » les œuvres détenues aux musées (**I**),
- le droit de contrôler les investissements publics (**II**).

4. La littérature est très nombreuse sur cette question. Citons *Le Quotidien de l'art*, 14 févr. 2023, « NFT. Les musées s'y mettent aussi ».

I. LE DROIT DE « TOKÉNISER » LES ŒUVRES DE L'ESPRIT

4. **« Tokénisation ». De quoi parle-t-on ?** Avant toute chose, rappelons simplement ce que représente techniquement la tokénisation. Un NFT désigne, à proprement parler, le jeton non fongible inscrit dans la *blockchain*. Ce dernier est assorti, dans la grande majorité des cas (la reproduction de l'œuvre sur la *blockchain* entraînant beaucoup trop de dépenses), d'un lien vers un fichier sous-jacent. L'identifiant numérique inscrit dans la *blockchain* résulte d'une opération de frappe (« *minting* ») du jeton qui n'emporte, généralement, aucune reproduction ou représentation d'une œuvre de l'esprit. Toutefois, cet identifiant unique n'est pas le seul élément inscrit dans la *blockchain* puisqu'il coexiste avec des métadonnées renvoyant vers un fichier sous-jacent hébergé sur un serveur ou accessible de façon décentralisée (*via* IPFS) au moyen d'un lien.

Deux questions se posent à nous : en quoi y a-t-il exploitation au sens du droit d'auteur (**A**) ? En quoi cette exploitation au sens du droit d'auteur est-elle susceptible de poser problème (**B**) ?

A. EN QUOI Y A-T-IL EXPLOITATION ?

1. Le droit de reproduction

5. **Analyse segmentée et globale.** Pour savoir s'il y a reproduction (à noter qu'une même question pour savoir s'il y a reproduction au stade de l'entraînement des données dans le cadre des intelligences artificielles génératives se pose[5]), l'on peut adopter une double analyse : segmentée et globale[6]. De manière segmentée, l'on peut dire qu'en amont de la frappe du jeton, plusieurs actes de reproduction peuvent intervenir, afin de numériser l'œuvre ou encore de la reproduire sur l'espace de stockage mis à disposition par les plateformes dédiées à la vente de NFT artistiques ou choisi par le futur émetteur du jeton. En aval de la frappe, des téléchargements du fichier sous-jacent peuvent également intervenir à l'initiative des acquéreurs successifs du NFT. Ces actes sont bien tributaires du droit de reproduction. L'opération consistant à frapper un NFT tout en établissant concomitamment un lien vers un fichier sous-jacent incorporant une œuvre de l'esprit protégée doit également être appréhendée globalement. L'inscription des NFT sur la *blockchain* est, en effet, précisément destinée à faciliter leur transmission. La frappe du NFT devrait ainsi permettre de présumer que la copie réalisée

5. J.-M. Bruguière et J.-M. Deltorn, « Intelligences artificielles génératives, Y a-t-il exploitation des œuvres au sens du droit d'auteur ? N'y aurait-il pas d'autres modèles à considérer ? », *D.* 2024. 1657.
6. Sur ces questions, v. J. Lapousterle, « Les NFT artistiques à l'épreuve du droit d'auteur », *Dalloz IP/IT* 2023. 84.

en amont n'est pas (ou plus) strictement réservée à l'usage privé du copiste, et conduire à écarter le bénéfice de l'exception de ce nom dans la plupart des cas. Autrement dit, nous sommes bien ici dans une reproduction à des fins d'exploitation.

2. Le droit de communication au public

6. **Vocation des NFT à être communiqués au public.** Le droit à la communication au public ne pose pas plus de problèmes. L'on sait que la mise à disposition d'un fichier « de manière que chacun puisse y avoir accès de l'endroit et au moment qu'il choisit individuellement » (Dir. n° 2001/29/CE, art. 3, § 1er) constitue un acte de communication au public soumis à autorisation[7]. Ce point a été admirablement souligné par le CSPLA dans son rapport sur les NFT[8] :

> « La vocation des fichiers numériques associés aux NFT est d'être communiqués au public, *a minima* sur une plateforme de mise en relation des vendeurs et des acheteurs ou sur l'espace numérique du détenteur (réseau social, métavers, galerie virtuelle) et par les reventes successives du JNF créé, et la communication du fichier susceptible d'être téléchargé à ses divers acquéreurs. »

B. EN QUOI CETTE EXPLOITATION POSE-T-ELLE PROBLÈME ?

La question est au départ simple. Les musées ont-ils le droit de « minter » ? Une double réponse peut être apportée sur le fondement du droit d'auteur et sur le fondement du droit des biens et du service public.

1. Au regard du droit d'auteur

Deux hypothèses sont à envisager selon que l'œuvre est ou n'est pas dans le domaine public.

7. **L'œuvre est dans le domaine public. Respect du droit moral.** En quoi la tokénisation peut-elle ici poser des difficultés ? Je vois deux situations qui peuvent poser problème même si elles sont toutes théoriques : la mauvaise qualité de la tokénisation et le fait pour un musée de se lancer dans des œuvres dites transformatives qui sont souvent le siège de NFT. Des atteintes au droit au respect de l'œuvre peuvent, tout d'abord, être caractérisées lorsque le NFT est assorti d'un renvoi vers un fichier affichant une image dotée d'une résolution insuffisante, dans la mesure où l'œuvre se trouve alors reproduite

---

7. Pour un exemple, v. CJUE 17 juin 2021, aff. C-597/19, *D.* 2021. 1184 ; *CCE* 2021, comm. 60, P. Kamina ; *Propr. intell.* 2021, n° 82, p. 28, obs. J.-M. Bruguière ; *Dalloz IP/IT* 2021. 641, obs. P. Blassel ; *RTD com.* 2021. 805, obs. F. Pollaud-Dulian.

8. Rapport de la mission sur les jetons non fongibles, J. Martin et P. Hot, *Sécuriser le cadre juridique pour libérer les usages*, CSPLA, juill. 2022.

dans des conditions dégradées[9]. Cette situation me semble très peu probable pour les musées ou institutions publiques. C'est généralement une numérisation de très grande qualité que va faire rémunérer le service (que l'on songe à la BNF pour ses cartes, ou à l'IGN). La mutabilité aux technologies nouvelles s'accompagne généralement, en effet, d'une grande qualité. L'hypothèse des œuvres transformatives, ensuite, est tout aussi hypothétique. À supposer que ces œuvres transformatives posent problème, l'on n'imagine pas les musées se lancer dans des œuvres similaires à celles proposées par exemple, par l'artiste Trevor Jones intitulées *The Bitcoin Bull* et généralement inspirées de Picasso. Le risque d'atteinte au droit moral me semble donc minime.

8. **L'œuvre n'est pas dans le domaine public. Les droits d'auteur acquis sont-ils suffisants ?** Deux nouvelles questions se posent selon que le musée a ou n'a pas les droits d'auteur. Le musée peut certainement être cessionnaire des droits d'auteur sur les œuvres détenues. La question reste tout de même de savoir si ces droits sont bien suffisants pour tokéniser les œuvres. Tout le monde sait que nos contrats d'auteur sont gouvernés par le formalisme des mentions, le droit d'auteur étant un droit « retenu[10] ». La tokénisation n'est pas toujours organisée. Le lecteur se souvient peut-être ici du contentieux ayant opposé aux États-Unis (avant qu'un accord ne soit trouvé) le réalisateur Quentin Tarantino à la société de production Miramax suite à la frappe, par le réalisateur, de NFT renvoyant vers des fichiers reproduisant des pages manuscrites du scénario du film *Pulp Fiction*[11]. À cette occasion, Quentin Tarantino a découvert qu'il ne possédait pas les droits lui permettant de réaliser ces opérations. La détermination de l'étendue des droits transférés à l'ayant cause impose alors un examen scrupuleux du contrat passé avec l'auteur, en particulier si la cession s'étend au « droit d'exploiter l'œuvre sous une forme non prévisible ou non prévue à la date du contrat », comme le permet, en droit français, l'article L. 131-6 du CPI. Il vaut mieux s'assurer d'avoir les droits de tokéniser la création qui est certainement, comme nous l'avons montré à propos du métavers, un mode d'exploitation autonome de l'œuvre[12].

9. **L'œuvre n'est pas dans le domaine public. Le musée n'a que la maîtrise des supports.** Le musée peut ne pas avoir les droits d'auteur sur l'œuvre mais seulement la maîtrise des supports. Nous savons que les musées ont souvent la fâcheuse tendance de faire valoir un droit de reproduction à l'aide

9. Domaine voisin. Streaming de mauvaise qualité. TGI Paris, 13 juill. 2007, *Propr. intell.* 2008. 116, obs. Bruguière. La condamnation de ce mode de diffusion va être de nouveau envisagée dans une affaire *Tranquility Bay* mettant en cause *Google Vidéos* par ce même TGI de Paris le 19 oct. 2007 (inédit).

10. M. Vivant et J.-M. Bruguière, *Droit d'auteur et droits voisins*, Paris, Dalloz, 5e éd., coll. « Précis », 2024, à paraître. L'expression est celle de notre collègue P.-Y. Gautier.

11. N. Rauline, « Miramax et Quentin Tarantino s'affrontent au sujet des NFT de "Pulp Fiction" », *Les Échos*, 17 nov. 2021.

12. V. notre contribution, « Les métavers. Nouveau mode d'exploitation du droit d'auteur », dans le « Dossier Métavers et propriété intellectuelle », *RLDI* avr. 2022. 40.

de leur maîtrise des supports[13]. Ils pourraient être tentés de le faire pour la tokénisation. Ceci pouvait se justifier lors de la séquence jurisprudentielle sur l'image des biens entre 1999 et 2004[14]. Mais aujourd'hui ? La propriété du bien ne conduit plus à la propriété de l'image du bien. Nous avons bien certes cette jurisprudence *Commune de Tours* où un juge va considérer que des photographies réalisées dans des musées à des heures singulières, avec un aménagement particulier, représentent une occupation privative des biens du domaine public[15]. Nous sommes ici toutefois sur l'accès matériel des tiers aux tableaux. Cela ne confère pas certainement pas un droit de reproduction des œuvres aux musées. Tout autre serait la situation en Espagne où le juge a récemment considéré[16] sur la base de la loi espagnole que le droit d'exposition des œuvres tokénisées découlait de la propriété matérielle des supports d'œuvre d'art. Une solution très critiquable au regard du droit de l'Union, qui serait de toute façon insoutenable dans notre système distinguant clairement l'œuvre et son support.

2. Au regard du droit des biens et du service public

10. **Droit du service public.** Une excursion dans le droit public est ici nécessaire en commençant par le droit des services publics. Les musées assurent une mission de service public. Ils ont principalement pour mission de conserver, restaurer, étudier, enrichir, diffuser et exposer leurs collections au public[17]. La valorisation des collections publiques *via* la création de produits dérivés constitue un moyen classique pour les musées de faire connaître leurs œuvres et de se procurer, de manière résiduelle, de nouvelles recettes. Cette activité peut donc être vue comme présentant un caractère accessoire, utile et d'intérêt général, ce qu'exige la jurisprudence, qui considère que le principe de spécialité ne s'oppose pas à la diversification des activités d'une personne publique, à condition que celles-ci soient le complément normal de sa mission statutaire principale et qu'elles soient à la fois d'intérêt général et utiles à la personne concernée[18]. La lecture du décret du 2 février 1993 relatif au musée Rodin est intéressante pour notre discussion.

> « Le musée est un établissement public national à caractère administratif placé sous la tutelle du ministre chargé de la culture qui a pour mission de faire connaître l'œuvre de Rodin et de faire respecter le droit moral qui y est attaché. À cette fin : 1. Il présente au public les collections comprenant

13. M. Vivant et J.-M. Bruguière, *Droit d'auteur et droits voisins*, *op. cit.*
14. *Ibid.*
15. CE 29 oct. 2012 : J.-M. Bruguière, « Au secours, l'image des biens revient ! », *CCE* 2013. Étude 2.
16. Tribunal de commerce de Barcelone, 11 janv. 2024, aff. 11/2024, *Visual entidad de gestión de artistas plásticos (Vegap) c/ Mango*, *Propr. intell.* 2024, n° 92, p. 42, obs. J.-M. Bruguière.
17. N. Mallet-Poujol et M. Cornu, *Droit, œuvres d'art et musées ; protection et valorisation des collections*, Paris, CNRS éditions, 2006.
18. CE, avis, 7 juill. 1994, req. n° 356089.

les objets donnés ou légués par Auguste Rodin et les œuvres acquises ultérieurement, en assure la garde, la conservation et la mise en valeur ; 2. Il organise des expositions, des colloques et toute activité éducative et culturelle susceptible de concourir au rayonnement de l'œuvre de Rodin et de la sculpture ; 3. Il est habilité à acquérir toute œuvre ou tout document présentant un intérêt pour la connaissance de l'œuvre de Rodin et de la sculpture ; 4. Il exécute ou fait exécuter tous travaux d'aménagement ou d'extension des locaux du siège du musée ou de son annexe ; 5. Il procède ou fait procéder, sous son contrôle, à des éditions originales de bronzes tirées à partir des moules et des modèles en plâtre figurant dans les collections. Ces éditions sont limitées à douze, numérotées de 1/8 à 8/8 et de I/IV à IV/IV, y compris les éditions originales existantes ; 6. Il édite et commercialise des reproductions d'œuvres de Rodin, des publications et des produits audiovisuels. »

Il n'y a selon moi aucun problème pour les NFT.

11. **Droit des biens publics.** Qu'en est-il au regard du droit des biens publics ? (droit du domaine public). Je ne reviens pas sur l'accès des tiers aux œuvres pour tokéniser (v. la jurisprudence *Commune de Tours* précitée). Je suis dans l'hypothèse où le musée tokénise ou fait tokéniser par un tiers. J'ai lu que certains collègues publicistes s'interrogeaient sur le point de savoir si l'inaliénabilité des biens du domaine public s'opposait à cette tokénisation[19]. J'avoue ne pas bien comprendre cette inquiétude. L'œuvre tokénisée n'a rien à voir avec l'œuvre elle-même. Surtout, il ne s'agit pas de vendre les œuvres, mais de les valoriser. Ou alors, à ce compte-là, il faudrait interdire les productions de la chalcographie du Louvre (estampes vendues en édition limitée) ou les éditions originales de bronze du musée Rodin. La vraie question est plutôt celle du recours au prestataire extérieur (il est rare que le musée dispose de la compétence technique pour tokéniser). Si tel est le cas, il va falloir s'assurer que les conditions imposées par ce prestataire soient bien conformes aux règles du domaine public. Une telle question a pu être abordée à l'occasion des interrogations sur le statut du fichier de numérisation de certaines bibliothèques par Google[20]. Pour aller à l'essentiel, la numérisation jouait en contrepartie de l'exclusivité sur la matrice numérique réalisée par Google. Est-ce que cela ne va pas ici à l'encontre de l'inaliénabilité du domaine public ? Mais, précisément, est-ce que ce fichier peut être considéré comme un bien meuble incorporel du domaine public… Il n'est pas simple de répondre. Abstraction faite de ce point délicat, il faudra également veiller aux droits concédés par le musée sur les NFT : quels sont les usages autorisés, comment garantir la pérennité de l'accès…

19. V. sur ce débat A. Mir, *Les jetons non fongibles et les collections des musées publics*, Mémoire Master 2 PI, Grenoble, 2023.
20. T. Soleilhac, « Les bibliothèques numériques, un domaine public immatériel », *AJDA* 2008. 1133.

Où l'on voit que cette entreprise de tokénisation, à supposer qu'elle soit économiquement opportune, peut tout à fait être envisagée du point de vue du droit des biens.

Le droit de contrôler les investissements publics est plus délicat.

II. LE DROIT DE CONTRÔLER LES INVESTISSEMENTS TECHNOLOGIQUES

12. **Numérisations.** Les investissements technologiques des musées sont de différents ordres. Il y a tout d'abord les numérisations, que j'évoque pour les écarter. Il est évident que la numérisation des œuvres ne confère pas aux institutions muséales de droits d'auteur. Cela a été jugé il y a quelques années[21] à propos d'un musée ayant cédé des droits sur une fresque pour une campagne publicitaire suite à une numérisation alors même qu'il n'était nullement titulaire de l'œuvre. Pour donner un exemple plus récent, je vous invite à lire les CGU de la BnF au cas où vous souhaiteriez exploiter une carte géographique détenue par cette honorable institution pour un usage quelconque (utiliser par exemple cette carte comme fond d'une montre).

> « Pour toute commande, il faut distinguer l'achat des reproductions (frais techniques) de l'utilisation des documents reproduits qui, lorsqu'elle est commerciale, est soumise à autorisation et au paiement d'une redevance, facturée et payée indépendamment des travaux. Est considérée comme commerciale, toute utilisation des documents conservés à la BnF, du domaine public ou non, dans une publication vendue (à l'exception des ouvrages académiques ou scientifiques), une exposition, une production audiovisuelle, un service ou un produit payant, une prestation facturée à un tiers ou bien encore un support à vocation promotionnelle ou commerciale. »

Un curieux droit de para-propriété intellectuelle dont la source est… le contrat[22].

13. **Scan 3D. Présentation de l'affaire Rodin.** L'accent sera ici mis sur l'affaire Rodin et la réalisation des scans 3D[23]. M. Cosmo Wenman, artiste multimédia, entrepreneur des États-Unis d'Amérique, a adressé le 15 novembre 2018 au musée Rodin une demande de communication portant principalement sur les fichiers contenant la version numérisée tridimensionnelle (« scan 3D ») du célèbre *Penseur*, ainsi qu'un ensemble de documents relatifs à la politique du

---

21. Paris, 11 juin 1997, *D.* 1998. Somm. 192, obs. Colombet.
22. Sur ce thème et pour d'autres exemples, v. notre introduction, *in* J.-M. Bruguière (dir.), *La para-propriété intellectuelle*, Paris, Dalloz, coll. « Thèmes & commentaires », 2022.
23. TA Paris, 21 avr. 2023, n° 1926348 : *Propr. intell.* 2023, n° 88, p. 27, obs. J.-M. Bruguière ; *CCE* 2023, comm. 50, P. Kamina.

musée au regard de ces scans. Rappelons que le musée est l'ayant droit de l'artiste et à ce titre chargé de défendre son droit au respect de l'œuvre (v. Art. 2 du décret-163 n°93 du 2 février 1993). Avant 2018, le musée a, dans le cadre de marchés publics, fait réaliser des scans de haut niveau technologique des œuvres emblématiques par deux prestataires. Cette demande de communication a été rejetée par une décision du 11 décembre 2018. Le secrétaire général du musée a tout de même saisi la Commission d'accès aux documents administratifs (CADA) d'une demande de conseil au sujet de ces « scans 3D ». Par un conseil adressé le 7 février 2019, la CADA a conclu au caractère communicable de ces documents. La Commission a notamment fait valoir que le droit moral du musée est insusceptible de justifier le refus de communication[24]. M. Cosmo Wenman a alors saisi la CADA à son tour le 8 février 2019 du refus opposé par le musée. Par un avis du 6 juin 2019, la CADA a conclu au caractère communicable des documents à l'exception de ceux pour lesquels la demande était sans objet et de ceux ayant un caractère préparatoire. En 2021, bien que le jugement ne le mentionne pas, le musée a mis en ligne, au-delà des simples visualisations HTML, des fichiers « *.STL* », soit des fichiers de stéréolithographie, de plusieurs œuvres de Rodin (le *Baiser* et le *Sommeil*). Ces fichiers sont de moindre qualité que ceux qui sont revendiqués par l'artiste entrepreneur et ils posent, semble-t-il, un problème d'interopérabilité. En outre, ils sont accompagnés d'une mention « reproduction numérique. Musée Rodin ». En dépit de cette initiative et malgré les multiples demandes, un refus est toujours opposé par le musée. M. Cosmo Wenman attaque alors devant le tribunal administratif le refus implicite de communication des documents sollicités. Se joignent à l'action Wikimedia et la Quadrature du Net. Le tribunal administratif va condamner à communiquer les scans sur la base d'arguments techniques qui ne sont pas à l'abri de la critique. Je vais donc exposer ces arguments techniques (**A**) en les complétant. Il faut aussi mettre en avant les arguments politiques (**B**) (de politique juridique au sens où l'entend Cornu, lorsque l'éminent auteur distinguait technique et politique juridique[25], une analyse micro et macro si vous préférez).

A. FONDEMENTS « TECHNIQUES »

Deux séries d'arguments tirés du droit d'auteur (**1**) et du secret des affaires (**2**) peuvent être ici mises en avant.

1. Arguments tirés du droit d'auteur

14. **Documents administratifs et droit d'auteur.** Rappelons que le cadre du litige est celui de la communication des documents administratifs sur lesquels

24. CADA. Conseil 20190026 – Séance du 7 févr. 2019.
25. G. Cornu, *Droit civil. Introduction. Les personnes. Les biens*, 13e éd., Paris, Montchrestien, 2007, p. 100.

le droit d'auteur et les voisins jouent parfois[26]. Plus précisément, selon l'article L. 311-1 du Code des relations entre le public et l'administration, « [s]ous réserve des dispositions des articles L. 311-5 et L. 311-6, les administrations mentionnées à l'article L. 300-2 sont tenues de communiquer les documents administratifs qu'elles détiennent aux personnes qui en font la demande, dans les conditions prévues par le présent livre ». L'article L. 311-2 du même code dispose que « [l]e droit à communication ne s'applique qu'à des documents achevés » et l'article L. 311-6 dispose que :

> « Ne sont communicables qu'à l'intéressé les documents administratifs : 1° Dont la communication porterait atteinte à la protection de la vie privée, au secret médical et au secret des affaires, lequel comprend le secret des procédés, des informations économiques et financières et des stratégies commerciales ou industrielles et est apprécié en tenant compte, le cas échéant, du fait que la mission de service public de l'administration mentionnée au premier alinéa de l'article L. 300-2 est soumise à la concurrence. »

Le musée faisait valoir, tout d'abord, qu'il tirait, en application de l'article 12 du décret n° 93-163, une part substantielle de ses recettes de la commercialisation des reproductions d'œuvres de Rodin et que la communication des fichiers contenant les scans 3D serait de nature à bouleverser son économie. Une lettre dont fait état la CADA souligne ainsi :

> « La teneur de cette recommandation m'inquiète, car sa mise en application – si elle devait se confirmer – aurait des conséquences désastreuses non seulement pour le modèle économique du musée Rodin, mais également pour d'autres opérateurs du ministère de la Culture comme la Réunion des Musées Nationaux – Grand Palais, en ce qu'elle consisterait tout simplement à remettre gratuitement à de potentiels concurrents et faussaires notre outil de production. »

L'on peut lire plus loin :

> « Leur diffusion en vue de leur exploitation par des tiers présente plusieurs types de risques pour le musée : des risques liés à la contrefaçon, à la fraude artistique, au parasitisme et à la concurrence déloyale, d'une part, et des risques de grande fragilisation de son modèle économique et ses ressources propres, d'autre part. »

Je reviendrai sur cet argument du parasitisme économique plus bas. Le tribunal administratif n'y répond pas vraiment. Je m'en tiens aux arguments du droit d'auteur.

15. **Argument tiré du droit d'auteur de droit commun.** Le tribunal administratif poursuit en soulignant que :

26. J.-M. Bruguière, « Les données publiques et le droit », Paris, Litec, 2002, p. 45 s.

> « Les risques de contrefaçons par le requérant sont également sans influence sur le caractère communicable des œuvres. Il incombera au musée de faire appliquer la loi en cas de violation par le requérant du Code de la propriété intellectuelle, la seule transmission des fichiers ne pouvant être assimilée à une diffusion de l'œuvre au sens des dispositions de l'article L. 121-2 de ce code. »

La réponse des juges fait certainement écho à une curieuse prétention du musée. Pour qu'il y ait un risque de contrefaçon, il faudrait que les scans soient assimilables à des œuvres. Or nous ne sommes pas certains que la réalisation de scans d'une œuvre révèle des choix créatifs de la part de son producteur. À supposer que cela soit protégeable, l'on ne peut tirer, d'un risque de contrefaçon, un refus de communication. La prétention du musée évoque l'article L. 311-4 du Code des relations entre le public et l'administration qui est souvent très mal interprété. Ce texte dispose : « Les documents administratifs sont communiqués ou publiés sous réserve des droits de propriété littéraire et artistique. » Le refus d'accès ne peut être justifié par la crainte d'une diffusion contrefaisante. Tout au plus le texte rappelle-t-il que l'utilisation des documents administratifs doit se faire dans le respect de la propriété littéraire et artistique. Si tel n'est pas le cas, le tribunal administratif rappelle que le musée sera toujours à même d'agir pour faire valoir ses droits d'auteur (mais lesquels sur des scans ?) et il ajoute très curieusement que « la seule transmission des fichiers ne [peut] être assimilée à une diffusion de l'œuvre au sens des dispositions de l'article L. 121-2 de ce code ». La communication des documents administratifs ne peut certainement pas constituer une diffusion de l'œuvre au public – celle-ci étant individuelle. Elle réalise en revanche une divulgation au sens de l'article L. 121-2, une divulgation contrainte par l'impératif de transparence de la loi de 1978. Le tribunal administratif voulait certainement viser ici l'article L. 122-2 et le droit de représentation (ou droit de communication au public).

16. **Argument tiré du droit d'auteur spécial. Bases de données.** Le musée aurait-il pu soutenir que certains scans s'apparentaient à une base de données afin de faire jouer le droit *sui generis* ? Nous n'avons pas bien sûr la connaissance technique du dossier, toutefois, l'on peut lire dans la décision que :

> « Le musée C soutient qu'à la suite des campagnes de numérisation menées à compter de 2008 par deux prestataires (7DWorks et Digiscan), cinq types de rendus lui ont été remis pour certaines des œuvres de C. Le rendu n° 1 est constitué de données brutes 7DWorks en format texte alors que les rendus 2 à 5 sont constitués des documents générés à partir de ces données. Le rendu n° 2 est constitué de la visualisation de la numérisation qui ne peut être utilisée qu'avec le logiciel 7depro de 7DWorks, le rendu n° 3 est constitué de documents en format Flash générés par 7DWorks, le rendu n° 4 est constitué de documents en format STL générés par Digiscan et le rendu n° 5 est constitué de documents en format VRML générés par Digiscan. »

Les scans sont donc faits de données brutes, de documents générés par ces données, d'un logiciel permettant la visualisation... Ne sommes-nous pas en présence d'un « recueil d'œuvres ou de données diverses » ? Et si tel est le cas, le musée n'aurait-il pas pu faire valoir le droit d'empêcher l'extraction déloyale ? Relisons le jugement du tribunal administratif du 31 janvier 2013[27]. À propos d'une demande de communication de données figurant dans des archives départementales, le juge souligne :

> « Considérant, en premier lieu, qu'il résulte des pièces du dossier que le département de la Vienne a créé un ensemble de fichiers numériques permettant le stockage permanent d'archives ainsi que l'accès à celles-ci par l'intermédiaire du site internet des archives départementales, particulièrement en ce qui concerne les registres d'état civil et les registres paroissiaux des communes du département de la fin du XVIIe siècle jusqu'au XIXe siècle, ainsi que les listes nominatives des recensements de la population de la Vienne et les registres matricules des militaires pour une partie du IXe siècle [...] que cet ensemble présente ainsi le caractère d'une base de données ; que le département de la Vienne soutient en outre, sans être contredit, qu'il a engagé plus de 230 000 EUR pour la réalisation de ce projet et que la numérisation des documents d'archives a duré huit ans et a nécessité un investissement matériel, technique et humain substantiel ; que c'est, par suite, à bon droit, que le département s'est prévalu, en qualité de producteur de bases de données, de la protection prévue par les dispositions précitées de l'article L. 342-1 du Code de la propriété intellectuelle ; que si, comme le fait valoir la société requérante, les dispositions du 2° de cet article précisent que les droits du producteur de bases de données peuvent faire l'objet d'une licence, elles n'imposent pas au producteur de délivrer cette licence. »

Il est certainement plus facile de plaider la base de données pour des archives que pour des suites de données qui permettent de visualiser des scans. Il est tout de même surprenant que l'argument n'ait pas été tenté (car il nous semble nettement plus convaincant que celui qui consiste à mettre en avant le secret des affaires ; v. ci-après). Il est vrai que l'argument n'est pas imparable. N'y a-t-il pas un abus de position dominante dans le fait de refuser l'accès à ces scans au moyen de ce droit d'empêcher l'extraction déloyale ? Pour l'admettre, il conviendrait de considérer que le musée exerce une activité d'entreprise au sens de l'article TFUE, ce qui n'a rien d'évident[28].

27. J.-M. Bruguière, « Des données pas si publiques que cela... (suite) », *JCP Adm.* 2013, n° 19, p. 2434.
28. Sur cette discussion, v. notre note précitée.

2. Arguments tirés du droit des affaires

17. **Quand le juge administratif ajoute au texte**. Le musée justifiait également son refus par le secret des affaires et l'article L. 151-1 du Code du commerce. Le tribunal administratif répond ici :

> « Cependant il ressort des appels à projets du ministère de la Culture de 2010, 2012 et 2013, dans le cadre desquels ont été scannées les œuvres du musée C, et des réponses adressées par le musée, que les scans n'ont pas été réalisés dans une perspective commerciale mais afin de mieux connaître et de diffuser largement l'œuvre de C. Ces documents ont donc été réalisés afin d'être diffusés à un large public et ne peuvent être regardés comme couverts par le secret des affaires. »

La plupart des fichiers sont donc bien communicables. Le juge ajoute au texte du Code de commerce (151-1). Il n'exige pas une exploitation commerciale de l'information mais une valeur commerciale de celle-ci. Ce n'est pas non plus parce que l'information a vocation à être divulguée qu'elle va être exclue de la protection. Les arguments techniques qui sont mis en avant ne sont pas satisfaisants.

B. FONDEMENTS POLITIQUES

18. **Droits sanctionnateurs. Droits déterminateurs.** Dans le raisonnement technique que je viens d'exposer, il manque une mise en perspective. Il faut donc se livrer à une analyse de politique juridique, macro et non micro si l'on préfère, en se détachant de cette affaire de scans. À l'analyse, les musées devraient pouvoir s'appuyer sur des droits sanctionnateurs, voire déterminateurs[29].

1. Droit sanctionnateur

19. **Un petit parfum de parasitisme économique.** Le premier droit qui peut ici être sollicité est celui de la responsabilité civile, et plus particulièrement le parasitisme économique et la concurrence déloyale. Revenons à notre jugement. Le tribunal administratif répond sobrement à l'argument

29. La distinction des droits sanctionnateurs et déterminateurs a notamment été établie pour les droits de la personnalité. Ces droits sont souvent réduits à des droits défensifs, « sanctionnateurs » en ce qu'ils consacrent des droits d'opposition : droit de s'opposer à la révélation de certaines informations, droit de sanctionner toute intrusion... Dabin dans son ouvrage fondamental (J. Dabin, *Le droit subjectif*, Paris, Dalloz, 1952) montrera toutefois que l'on ne peut réduire le droit subjectif à sa dimension négative. Les droits de la personnalité sont devenus (et le droit au respect de la vie privée en est le meilleur exemple) des droits « déterminateurs » en ce sens qu'ils permettent à chacun de créer des situations juridiques déterminant alors le comportement d'autrui. Chacun doit respecter ma vie privée, mon image... Le droit sanctionnateur est généralement défendu dans le cadre de la responsabilité civile. Le droit déterminateur dans le cadre du droit subjectif.

de la déstabilisation du modèle économique que « cette circonstance est par elle-même sans influence sur le caractère communicable des documents sollicités ». Bien évidemment, cet élément ne rentre pas en ligne de compte dans la communicabilité des documents. Il n'en reste pas moins un argument parfaitement pertinent selon nous. Pour quelles raisons notre artiste américain souhaite-t-il accéder à ces scans ? Une réponse donnée au musée fut dénuée de toute équivoque : « pour réaliser des reproductions en bronze dans une variété de tailles, en quantités illimitées ». Le droit d'auteur n'est bien évidemment pas de nature à justifier le refus ; l'œuvre de Rodin étant dans le domaine public. Toutefois cela ne nous empêche pas de raisonner sur le fondement d'autres droits, à commencer par le parasitisme économique[30]. Le musée Rodin est un musée qui est tenu de s'autofinancer. Pour cela, il exerce en régie directe des missions commerciales. Il y a tout de même un petit parfum de parasitisme à exploiter les investissements technologiques d'une entité publique. Sans s'opposer bien évidemment à l'accès, il ne nous semblerait pas dès lors déraisonnable de participer dans le cadre d'une licence du musée à la charge de l'investissement consenti. C'est d'ailleurs cette pratique que suivent certains opérateurs, comme la BnF, lorsqu'il est question de reproduire certaines œuvres du domaine public comme d'anciennes cartes géographiques.

2. Droit déterminateur

20. **Propriété publique incorporelle.** Nous pourrions également mettre en valeur une propriété publique incorporelle afin de défendre les investissements des musées. Je m'explique. Dans le champ du droit privé, je me suis efforcé de mettre en valeur une propriété incorporelle qui n'est pas une propriété intellectuelle[31]. Je renvoie ici à notre ouvrage de droit des personnes réalisé avec Bérengère Gleize à propos des droits de la personnalité[32]. Pour dire les choses simplement, il existe dans notre système juridique des droits de notoriété (image, voix, noms…) qui sont à la source d'une propriété incorporelle que notre droit privé accueille *via* la propriété du Code civil aménagé[33] ou *via* le parasitisme économique (car qu'est-ce que la valeur économique individualisée si ce n'est une propriété incorporelle qui ne dit pas son nom[34]). Qu'en est-il dans le droit public et plus précisément dans le domaine public au sens du droit administratif des biens ? J'ai le souvenir d'une intervention, il y a de nombreuses années, devant un parterre d'archivistes médusés où je m'étais efforcé de montrer que le droit des archives (non pas le droit sur les

30. Sur ce droit, v. P. Deprez, V. Fauchoux, F. Dumont, J.-M. Bruguière, *Le parasitisme économique. Typologie des agissements. Physionomie de l'action*, Paris, LexisNexis, 2023.
31. J.-M. Bruguière, « Droits patrimoniaux de la personnalité. Plaidoyer en faveur de leur intégration dans une catégorie des droits de la notoriété », *RTD civ.* 2016. 1.
32. J.-M. Bruguière, *Droit des personnes*, Paris, Lefevbre-Dalloz, 2023.
33. V. l'article à la *RTD civ.* préc.
34. Sur cette discussion, v. notre ouvrage précité sur le parasitisme économique.

supports mais sur les contenus) pouvait être envisagé à la lumière de la théorie du domaine public[35]... Une démonstration tout à fait audacieuse. Je n'avais pas encore lu Philippe Yolka.

> « La génétique immobilière des propriétés publiques, héritage d'une époque où domaine et territoire ne faisaient qu'un, explique le caractère embryonnaire de la réflexion sur les patrimoines administratifs : des sujets éminemment patrimoniaux (gestion des participations publiques, des droits de propriété intellectuelle, de l'image des monuments, des données publiques, des autorisations administratives) n'ont guère été pensés dans les termes du droit des biens[36]. »

21. **Retour à l'analyse du service public.** Alors, précisément, ne faudrait-il pas plutôt raisonner en termes de service public ? Ce que je m'étais efforcé de faire dans ma thèse avec les données publiques[37]. Plutôt que de savoir à qui appartiennent ces investissements technologiques, la question n'est-elle pas plutôt celle de l'accès ? Un accès moyennant rémunération avec le modèle du service public ? Un accès susceptible d'abus de droit, car je ne suis pas loin de penser que la demande d'accès de M. Cosmo Wenman était abusive. Bref, nous sommes toujours à l'âge de l'accès, comme l'a bien montré Jeremy Rifkin il y a quelques années[38].

Je vous remercie de votre attention.

---

35. J.-M. Bruguière, « Existe-t-il un domaine public informationnel ? », *in* J. Fromageau, M. Cornu, *Archives et Recherche*, Paris, L'Harmattan, 2003, p. 43.
36. P. Yolka, « Les meubles de l'administration », *AJDA* 2007. 964.
37. J.-M. Bruguière, *La diffusion de l'information publique. Le service public face au marché de l'information*, th. Montpellier I, 1995, ERCIM.
38. J. Rifkin, *L'âge de l'accès. La nouvelle culture du capitalisme*, Paris, La Découverte, 2005.

DEUXIÈME PARTIE

Le droit public, *trublion* de la propriété intellectuelle

TITRE 1

Un droit public de la propriété intellectuelle en construction ?

PREMIER SOUS-TITRE

Le contentieux de la propriété intellectuelle publique

La répartition du contentieux juge administratif/ juge judiciaire

Une compétence résiduelle mais dynamique confiée à la juridiction administrative en matière de propriété intellectuelle

CÉCILE COTTIER
Première conseillère à la cour administrative d'appel de Lyon, rapporteure publique à la 6e chambre

Après une longue période de compétence partagée entre juridiction judiciaire et juridiction administrative (**I**), la réforme opérée par et à la suite de la loi n° 2011-525 du 17 mai 2011 de simplification et d'amélioration de la qualité du droit a fait émerger un bloc de compétence pour la juridiction judiciaire pour la majorité du contentieux de la propriété intellectuelle (**II**). Le juge administratif n'a pas pour autant été mis totalement à l'écart des problématiques portant sur la propriété intellectuelle après cette loi de 2011. Un travail partenarial entre les deux juridictions s'est mis en place dans le cadre de « questions préjudicielles » (**III**). De plus, des îlots de compétence restent confiés aux juges administratifs pour traiter de certaines thématiques « dynamiques » à la périphérie du droit de la propriété intellectuelle comme la communication des documents administratifs, les décisions du directeur de l'Institut national de la propriété intellectuelle concernant le paiement des annuités de brevet ou la « licence d'office » tenant aux exigences de santé publique (**IV**). On peut donc en conclure que, pour lors, le législateur a décidé de manière pragmatique de confier une compétence résiduelle mais dynamique à la juridiction administrative pour traiter de certaines questions en lien avec la propriété intellectuelle.

I. UNE SITUATION DE COMPÉTENCE PARTAGÉE ENTRE JUGE JUDICIAIRE ET JUGE ADMINISTRATIF JUSQU'À LA LOI N° 2011-525 DU 17 MAI 2011

A. UNE COMPÉTENCE « CLASSIQUEMENT » PARTAGÉE

Historiquement, c'est la règle « classique » de compétence entre juge judiciaire et juge administratif qui avait vocation à s'appliquer pour les litiges portant sur la propriété littéraire et artistique et les droits des auteurs, hors cas où le législateur avait explicitement et clairement confié la compétence à la juridiction judiciaire pour traiter de certains domaines d'activité en matière de propriété intellectuelle[1].

Grossièrement résumée, cette règle « classique » de répartition des compétences prévoit que le juge administratif est compétent pour traiter des litiges pour lesquels la loi ou la jurisprudence ont indiqué expressément que ceci « ressortit à la compétence du juge administratif » et des litiges nés de l'action de l'administration (ou d'une personne morale de droit public) exercée dans le cadre d'un service public administratif ou induisant l'exercice de prérogatives de puissance publique pouvant notamment prendre la forme de clauses contractuelles exorbitantes du droit commun conférant à la personne publique des prérogatives particulières. En revanche, dès lors que l'administration agit dans les mêmes conditions qu'une personne privée et cesse donc de faire valoir la particularité de son action, elle doit se voir appliquer, par le juge judiciaire, les règles de droit privé[2]. Ainsi, les litiges susceptibles de naître de l'activité d'un service public relèvent de la compétence du juge administratif si ce service est administratif, mais de la compétence du juge judiciaire s'il est de nature industrielle ou commerciale.

Dans le cadre de cette logique globale, lorsqu'une personne morale de droit public était en cause, afin de déterminer le juge compétent pour traiter d'un litige portant sur la propriété littéraire et artistique et les droits des auteurs, il s'agissait de regarder quelle était la nature du service ou la nature des clauses du contrat querellé. Le Conseil d'État a admis de manière constante au début du XXe siècle sa compétence pour traiter de litiges mettant en jeu un service public administratif ou un contrat « administratif[3] ». L'atteinte au droit moral

1. Ainsi, pour les brevets d'invention, l'article 34 de la loi du 5 juill. 1844 prévoit que l'action en nullité, l'action en déchéance et toutes contestations relatives à la propriété des brevets seront portées devant les tribunaux civils de première instance... et donc devant la juridiction judiciaire.
2. V. en ce sens la compétence du juge judiciaire pour l'utilisation d'un bien immobilier appartenant au domaine privé d'une commune et sans qu'aucune exécution d'une mission de service public n'existe : CE 9 oct. 1991, *S.A.R.L. Endless International*, req. n° 80610 en A.
3. Dans ses conclusions sous la décision du Tribunal des conflits du 15 oct. 1973, *Sté Filmsonor-Marceau c/ Sté Fasquelle*, n° 01982 en A, le commissaire du gouvernement Braibant mentionnait qu'avant la loi du 11 mars 1957, il n'y avait pas lieu à controverse.

de l'auteur d'une œuvre (qui comprend le droit au respect de l'œuvre) devant le juge administratif s'appréciait notamment dans le cadre de la responsabilité pour faute de service (T. confl. 4 juill. 1934, *Roty*, *Lebon* 1249) ou dans le cadre de la responsabilité pour dommages de travaux publics lorsque l'atteinte au droit d'auteur avait pour origine la dégradation ou la transformation d'un ouvrage public (CE 3 avr. 1936, *M. Sudre*). L'affaire de M. Sudre est intéressante aussi bien pour ses éléments contextuels tenant à la compétence ou non en premier ressort du Conseil d'État pour traiter de ce litige que pour la logique développée dans ses conclusions sous cette décision du Conseil d'État par le président Josse, commissaire du gouvernement. M. Sudre, sculpteur renommé, ayant notamment obtenu le Grand Prix de Rome, auteur d'une fontaine monumentale publique dite « La Catalane » lui ayant été commandée par la commune de Baixas, personne morale de droit public, avait reproché à cette dernière d'avoir laissé se dégrader cette fontaine, par manque d'entretien, et ce jusqu'à sa destruction. Il demandait à être indemnisé pour violation de « sa réputation d'artiste » sur son œuvre[4]. Le président Josse soulignait que

> « le droit moral, c'est le droit pour l'auteur, une fois l'œuvre créée et rendue publique, d'exiger le respect de sa conception, de sa pensée, d'empêcher qu'elle soit altérée, dénaturée, fût-ce par l'emploi qui est fait de son œuvre », « le droit moral des artistes, ce n'est pas qu'une fiction théorique mais une réalité »

et que ce droit moral de l'auteur est

> « exclusivement moral, extra-patrimonial, attaché à la personne, hors du commerce ».

Dans son analyse, tout en préconisant la compétence du conseil de préfecture pour statuer en premier ressort plutôt que le Conseil d'État, le président

« Auparavant la solution était certaine et la jurisprudence constante : les règles normales de la répartition des compétences s'appliquaient dans cette matière. C'est ainsi que la juridiction administrative était toujours compétente dans le domaine de la responsabilité quasi délictuelle si le litige se rattachait au fonctionnement d'un service public administratif. » Il citait à ce titre une décision du T. confl. du 4 juill. 1934, *Héritiers P*, *Lebon* 1249 sur une action en contrefaçon d'une médaille, la frappe des médailles, monopole de l'État dans un intérêt supérieur de police constituant un service public. Il mentionnait également pour les contentieux contractuels le cas d'un contrat de médailles pour les instituteurs comme étant un « marché de fournisseurs pour le service de l'État » (28 juill. 1932, *Dame Veuve Roty*) et relevant ainsi de la juridiction administrative.

4. *Recueil des arrêts du Conseil d'État*, 1936, p. 452 : « Considérant que la demande d'indemnité du Sieur Sudre contre la commune de Baixas en réparation du préjudice que le requérant soutient avoir subi dans sa réputation d'artiste par suite des dégradations et finalement de la démolition de la fontaine que lui avait commandée la commune est fondée sur l'insuffisance de la grille destinée à protéger ce monument et sur l'état dans lequel il a été laissé par le fait de la municipalité de Baixas ; que le litige se rattache ainsi au défaut d'entretien d'un ouvrage public et relève de la compétence du Conseil de préfecture en vertu de l'article 4 de la loi du 29 pluviôse an VIII. »
https://gallica.bnf.fr/ark:/12148/bpt6k57498270/f459.image.r=sudre

Josse donnait raison à M. Sudre en ayant une approche assez maximaliste[5] du respect du droit de l'auteur d'une œuvre d'art par une commune. Il mentionnait ainsi que la commune « bien plus qu'un particulier » doit veiller à ce qu'aucune atteinte ne soit portée aux droits de l'auteur et que

> « la collectivité n'est en quelque sorte que la gardienne de l'œuvre d'art dans l'intérêt général. Elle ne peut en modifier ou en laisser modifier l'expression sans violer, à la fois, les droits de l'auteur et ceux du public[6] ».

Le président Josse plaidait pour « une condamnation sévère » des agissements de la commune. Le conseil de préfecture de Montpellier par jugement du 9 décembre 1936[7] après ce renvoi par le Conseil d'État a condamné la commune de Baixas, compte tenu de la notoriété de M. Sudre, à verser une somme de 5 000 francs, somme correspondant à 20 % de sa demande indemnitaire et qui, ironiquement pourrait-on dire, était la somme qui avait été versée par la commune de Baixas à M. Sudre en 1908 pour la conception de cette fontaine et qui, selon ce dernier, n'avait pas couvert les frais de conception…

Mais en 1957, ce *modus vivendi* de répartition de compétence entre les deux ordres de juridiction va être troublé par la rédaction de l'article 64 de la loi n° 57-68 du 11 mars 1957 sur la propriété littéraire et artistique. Cet article prévoyait ainsi que :

> « Toutes les contestations relatives à l'application des dispositions de la présente loi qui relèvent des juridictions de l'ordre judiciaire seront portées devant les tribunaux compétents, sans préjudice du droit pour la partie lésée de se pourvoir devant la juridiction répressive dans les termes du droit commun. »

Deux lectures pouvaient être faites de cet article. La première interprétation impliquait que toutes les contestations relèvent de la juridiction judiciaire, et certains auteurs en déduisaient un basculement vers une compétence exclusivement judiciaire pour tous les éléments figurant dans cette loi de 1957. La seconde interprétation était plus restrictive et induisait seulement la compétence de la juridiction judiciaire pour les contestations ayant été dévolues au juge judiciaire et relevant de son autorité, et sans que ceci ne modifie les règles jurisprudentielles antérieures de répartition des compétences.

---

5. Comme le fait remarquer le commissaire du gouvernement M. Combrexelle dans ses conclusions sur une décision du 14 juin 1999 du Conseil d'État, *Conseil de fabrique de la cathédrale de Strasbourg*, req. n° 181023, cette vision maximaliste datant des années 1930 s'atténuera au fil du temps et de la jurisprudence pour tenir compte de certaines évolutions techniques nécessaires. V. *infra*.
6. Conclusions du commissaire du gouvernement Josse Dalloz. Recueil Dalloz 1936-3-57 Jurisprudence générale | 1936 | Gallica (bnf.fr) https://gallica.bnf.fr/ark:/12148/bpt6k426056x/f338.image.r=sudre
7. Dalloz. Jurisprudence générale | 1936 | Gallica (bnf.fr) https://gallica.bnf.fr/ark:/12148/bpt6k426056x/f350.item.r=sudre

Par une décision du 15 octobre 1973, *Sté Filmsonor-Marceau c/ Sté Fasquelle*, req. n° 01982 en A, le Tribunal des conflits va jouer son rôle de régulateur entre les deux ordres juridiques et trancher entre ces deux interprétations. Il refuse de faire droit à une lecture de l'article 64 de la loi n° 57-68 du 11 mars 1957 sur la propriété littéraire et artistique qui aurait donné au juge judiciaire compétence exclusive pour traiter de tels litiges[8]. Après avoir estimé que le contrat en cause est un contrat de droit privé impliquant donc la compétence du juge judiciaire, il consacre *a contrario* le principe selon lequel le juge administratif est compétent pour traiter des litiges portant sur l'exécution d'un contrat de droit public. Le Tribunal des conflits valide ainsi la position du commissaire du gouvernement M. Braibant selon laquelle en l'absence d'exclusion expresse de la compétence du juge administratif par le législateur, il n'y avait pas lieu d'attribuer à la juridiction judiciaire un monopole de compétence. M. Braibant indiquait à ce titre, en fustigeant les maladresses rédactionnelles de cette loi, que

> « lorsque le législateur veut attribuer compétence à un ordre de juridiction en contradiction avec les règles habituelles, il doit le dire clairement. C'est ce qu'il a fait par exemple dans la matière des brevets d'invention. Déjà dans l'article 34 de la loi du 5 juillet 1844, il avait disposé que l'action en nullité et l'action en déchéance ainsi que toutes contestations relatives à la propriété des brevets seront portées devant les tribunaux civils de l'instance ».

Dès lors, sauf cas de la propriété industrielle, ou du droit des brevets ou du droit des marques, ou du droit des dessins et modèles qui avaient été explicitement confiés par le législateur ou le Tribunal des conflits aux juges judiciaires[9] à l'exception des « recours formés contre les actes administratifs du ministre chargé de la propriété industrielle qui relèvent de la juridiction administrative[10] », les règles « traditionnelles » de répartition des compétences

---

8. Abstract de cette décision du T. confl *Sté Filmsonor-Marceau* : l'article 64 de la loi du 11 mars 1957 sur la propriété littéraire et artistique, qui ne peut être interprété comme attribuant une compétence exclusive aux tribunaux judiciaires, est sans influence sur les règles de répartition des compétences juridictionnelles (sol. impl.) Litige entre, d'une part, une société, qui a acquis par contrats, de l'éditeur et des ayants droit de l'auteur, le droit d'adaptation cinématographique de deux ouvrages d'Émile Zola, et, d'autre part, la Caisse nationale des Lettres, qui a été ultérieurement substituée aux ayants droit pour la durée de la prolongation du droit de propriété littéraire instituée par la loi du 25 février 1956, modifiant l'article 6 de la loi du 11 oct. 1946. Le cocontractant n'étant pas directement associé à l'exécution du service public dont la caisse a la charge, les contrats dont l'exécution est poursuivie présentent le caractère de contrats de droit privé. Litige relevant de la compétence judiciaire.

9. T. confl. 27 juin 1988, req. n° 2542 puis loi n° 92-597 codifiée au CPI à l'article L. 716-3. « Les actions civiles relatives aux marques sont portées devant les tribunaux de grande instance ainsi que les actions mettant en jeu à la fois une question de marque et une question de dessin et de modèle ou de concurrence déloyale connexes », T. confl. 6 juin 1989, *PIBD*, T. confl. 2 mai 2011, req. n° 3770.

10. Art. L. 623-31 et L. 615-17 CPI pour les brevets d'invention et des obtentions végétales.

devaient jouer y compris après cette loi du 11 mars 1957 sur la propriété littéraire et artistique.

Le juge administratif va ainsi être appelé à connaître y compris après 1957 des actions en responsabilité menées contre une personne publique pour atteinte des droits des auteurs d'une œuvre de l'esprit, que ce soit dans le cadre de la mise en œuvre d'un contrat ou sur le fondement d'une responsabilité pour faute extracontractuelle d'une personne publique (CE 6 janv. 1975, *Office français des techniques modernes d'éducation*, req. n° 01995, *Lebon* 790 ; CE 15 avr. 1988, *Dumont*, req. n° 47686, *Lebon* 141 ; CE 6 mai 1988, *M. Goclowski*, en B ; CE 27 avr. 2011, *Fedida et a.*, req. n° 314577, *Lebon* 176).

B. LES INTERROGATIONS PRATIQUES LIÉES À CE PARTAGE DE COMPÉTENCES ENTRE JURIDICTIONS

Mais, ces principes posés, c'est l'appréciation au cas d'espèce notamment sur l'existence ou non de l'exercice d'une prérogative de puissance publique comme étant à la source du litige qui s'est parfois révélée ardue, aussi bien pour les juges judiciaires que pour les juges administratifs.

L'affaire dite « Matisse » soumise au Tribunal des conflits en 1993 montre bien la complexité de telles appréciations. Rappelons le contexte. En 1991, La Poste, établissement public, a décidé d'émettre une série de timbres-poste sur les poètes célèbres dont un timbre comportant un portrait d'Aragon réalisé par le peintre bien connu Matisse. La Poste a bien pensé à demander l'autorisation des héritiers d'Aragon mais a omis de demander leur accord aux héritiers de Matisse. Ce timbre a donc été diffusé sans qu'une telle autorisation n'ait été accordée par lesdits héritiers de Matisse. Ces derniers ont alors souhaité mener une action judiciaire tendant à la réparation des préjudices résultant des atteintes au droit d'auteur constituées par la reproduction sans autorisation d'une telle œuvre de Matisse et par les modifications apportées à son œuvre. Estimant que la juridiction judiciaire était compétente en application de la loi du 11 mars 1957, lesdits héritiers Matisse ont alors saisi le président du tribunal de grande instance de Paris pour voir désigner un expert pour évaluer le préjudice subi. Saisi d'une exception d'incompétence par La Poste, le président du tribunal de grande instance a fait droit à une telle exception en indiquant qu'il n'y a pas de compétence exclusive de la juridiction judiciaire et que l'émission de timbres-poste constitue une prérogative de puissance publique, ce qui fait alors basculer ce litige dans le champ de compétence de la juridiction administrative. Compte tenu de ce positionnement du juge judiciaire, les héritiers Matisse se tournent vers le tribunal administratif de Paris pour être indemnisés. Toutefois, ce dernier va estimer qu'il n'est pas compétent car « les décisions relatives aux choix artistiques présidant à la création et à l'impression de figurines postales ne mettent pas en cause l'exercice de prérogatives de puissance publique ». Pour prévenir un conflit de compétence négatif, le tribunal administratif de Paris transmet alors le litige au Tribunal des conflits. Ce dernier, par décision du 22 novembre 1993, *M. Matisse et a.*, n° 02876 reconnaît que La Poste bénéficie d'un monopole en matière d'émission de timbres-poste, lequel constitue une prérogative de puissance publique. Toutefois, il poursuit son analyse en vérifiant si dans le cas d'espèce l'action menée par les héritiers Matisse fondée sur une atteinte au droit d'auteur mettait en cause l'exercice d'une telle prérogative de puissance publique, ce qui aurait alors fait basculer la compétence vers le juge administratif. À l'issue de cette analyse, le Tribunal des conflits a estimé que ce litige ne relevait pas de l'exercice d'une prérogative de puissance publique confiée à La Poste. Il a ainsi déclaré compétent le juge judiciaire en indiquant que la demande

> « des héritiers de M. Matisse tend à la réparation des préjudices résultant des atteintes au droit d'auteur constituées par la reproduction sans autorisation d'une œuvre de ce peintre et par les modifications apportées à son œuvre ; que la responsabilité de la Poste est ainsi recherchée sur le fondement de fautes qu'elle aurait commises dans la gestion du service industriel et commercial, sans que soit mis en cause l'exercice de la prérogative de puissance publique d'émettre des timbres-poste qu'elle tient du législateur ; d'où il suit que le litige ressortit à la compétence de la juridiction judiciaire ».

C. LA RECHERCHE D'UN ÉQUILIBRE PAR LE JUGE ADMINISTRATIF ENTRE RESPECT DU DROIT DES AUTEURS ET CONTRAINTES LIÉES À UN OUVRAGE PUBLIC

Après l'affaire Sudre datant de 1936, le Conseil d'État puis les tribunaux administratifs ont au fil du temps affiné les solutions jurisprudentielles concernant les ouvrages publics. Ceci est d'abord passé par une limitation du périmètre des œuvres de l'esprit concernant les ouvrages publics à travers l'application d'un regard assez sévère sur l'originalité attendue de l'œuvre de l'esprit, comme le montre la décision du Conseil d'État du 6 mai 1988, *M. Goclowski*, n° 78833, aux tables, en B[11]. Ceci a également pris la forme de l'affirmation d'une absence d'intangibilité absolue de l'ouvrage public, celui-ci devant

11. Considérant utile de cette décision du CE du 6 mai 1988, *M. Goclowski*, req. n° 78833 : « Aux termes de l'article 6, 1er alinéa, de la loi du 11 mars 1957 sur les droits d'auteur d'une œuvre de l'esprit, œuvre qui, aux termes de l'article 3 de la même loi, comprend les œuvres d'architecture, "l'auteur jouit du droit au respect de son nom, de sa qualité et de son œuvre". Toutefois, la rénovation intérieure des ailes Est et Ouest de la préfecture du Morbihan, qui a consisté en une consolidation des charpentes et planchers et un réaménagement des bureaux, ne présentait pas un caractère suffisamment original pour permettre à M. G., architecte mandataire du groupement chargé par le département du Morbihan de la maîtrise d'œuvre de cette rénovation, de se prévaloir des dispositions précitées pour exiger que son nom fût inscrit sur la façade de la préfecture. »

pouvoir être modifié pour des raisons pragmatiques liées à des exigences techniques et de sécurité et du maintien d'une indemnisation relativement modérée des atteintes au droit des auteurs tenant notamment compte de la renommée de l'auteur.

Ainsi, en 2006, le Conseil d'État a porté un œil aiguisé sur l'originalité de la démarche architecturale de M. Agopyan concernant le stade municipal de la Beaujoire de la ville de Nantes et sur la possibilité de regarder les dessins architecturaux conçus par ce dernier et notamment le dessin de l'anneau intérieur des gradins comme une « œuvre de l'esprit » protégée par les droits d'auteur. En l'occurrence, M. Agopyan, architecte du stade de Nantes, avait obtenu devant le tribunal administratif de Nantes une indemnisation à hauteur de 100 000 francs en réparation du préjudice subi du fait de l'atteinte à son droit moral d'auteur causée par des travaux publics sur cet anneau intérieur. À la suite de l'annulation de ce jugement par la cour administrative d'appel de Nantes (CAA), M. Agopyan a introduit un pourvoi devant le Conseil d'État. Par sa décision n° 265174 du 11 septembre 2006, *M. Agopyan* (et ce dans la continuité d'une décision du 14 juin 1999, n° 181023, Conseil de Fabrique de la cathédrale de Strasbourg), le Conseil d'État a annulé pour erreur de droit l'arrêt de la CAA de Nantes. Statuant au fond, le Conseil d'État a instauré une règle d'équilibre entre les droits moraux de l'architecte et la nécessité de permettre dans certaines circonstances la modification d'un ouvrage public. Le Conseil d'État a ainsi posé comme principe que

> « si en raison de la vocation d'un stade, l'architecte qui l'a conçu ne peut prétendre imposer au maître de l'ouvrage une intangibilité absolue de son œuvre, ce dernier ne peut toutefois porter atteinte au droit de l'auteur de l'œuvre en apportant des modifications à l'ouvrage que dans la seule mesure où elles sont rendues strictement indispensables par des impératifs esthétiques, techniques ou de sécurité publique, légitimés par les nécessités du service public et notamment la destination de l'ouvrage ou son adaptation à des besoins nouveaux ».

Le Conseil d'État, contrairement à la position de son commissaire du gouvernement, a estimé que la commune de Nantes n'apportait en l'espèce pas d'éléments suffisants de nature à établir que les modifications réalisées sur l'ouvrage étaient rendues indispensables par des impératifs techniques, de sécurité ou d'autres impératifs liés aux nécessités du service public justifiant la transformation opérée. Il en a conclu que les travaux menés ont eu pour effet de dénaturer le dessin de l'anneau intérieur des gradins et que la commune a ainsi porté une atteinte illégale à l'œuvre de M. Agopyan. Le Conseil d'État est resté toutefois sur une indemnisation modérée d'une telle atteinte en validant l'analyse du tribunal administratif de Nantes fixant à 100 000 francs soit 15 244 euros tous intérêts compris la somme due par la commune de Nantes à M. Agopyan.

Le Conseil d'État a repris cette logique d'absence d'intangibilité absolue d'un ouvrage public par une décision du 15 août 2014, n° 353168, *M. Arnaud Delom de Mezerac* dont la spécificité est de porter sur un régime juridique antérieur à la loi du 1er août 2006 dite « DAVDSI » consacrant les droits d'auteur des agents publics tout en encadrant strictement l'exercice de tels droits d'auteur[12]. Cette peinture/fresque murale avait en l'espèce été créée en 1978 par M. Arnaud Delom de Mezerac alors qu'il effectuait son service militaire sur l'un des murs de la caserne d'Oissel et avait été détruite en 1997, soit antérieurement à la loi du 1er août 2006. Le Conseil d'État a estimé que cette œuvre avait été faite en dehors du service et de toute commande du service et était sans rapport direct avec les fonctions exercées par l'auteur au sein du service. Il a estimé que l'auteur de cette œuvre de l'esprit disposait par suite d'un droit d'auteur mais que, là encore, il n'existait pas de droit à intangibilité, certaines modifications étant possibles dans le cas d'impératifs notamment esthétiques, techniques ou de sécurité publique, légitimés par les nécessités du service public et notamment celles résultant de la destination de l'édifice ou de son adaptation à des besoins nouveaux[13]. Suite à renvoi de ce litige par le Conseil d'État à la cour administrative d'appel de Douai, les juges douaisiens ont estimé que l'État ne se prévalait d'aucun impératif, technique

12. On notera que le droit d'auteur spécial des agents publics ne s'applique pas « aux agents auteurs d'œuvres dont la divulgation n'est soumise, en vertu de leur statut ou des règles qui régissent leurs fonctions, à aucun contrôle préalable de l'autorité hiérarchique ». Sont notamment concernés par cette disposition les magistrats (notamment conclusions des rapporteurs publics) et enseignants-chercheurs qui non seulement restent les auteurs de leurs œuvres (dont cours, articles, manuels) mais aussi conservent un droit moral et un droit d'exploitation classiques.

13. CE 15 août 2014, *M. Arnaud Delom de Mezerac*, req. n° 353168, « qu'antérieurement à l'entrée en vigueur de la loi du 1er août 2006, l'agent public auteur d'une œuvre jouissait de droits de propriété intellectuelle sur l'œuvre dont la création était détachable du service ; qu'il en était ainsi, notamment, si cette œuvre avait été faite en dehors du service et de toute commande du service ou si elle était sans rapport direct avec les fonctions exercées par l'auteur au sein du service ; que lorsque l'œuvre, détachable du service, était indissociable d'un ouvrage public, son auteur ne pouvait prétendre à une intangibilité absolue de son œuvre ou de l'édifice qui l'accueillait ; que, toutefois, le maître de l'ouvrage ne pouvait porter atteinte au droit de l'auteur de cette œuvre en apportant des modifications à l'ouvrage que dans la seule mesure où elles étaient rendues strictement indispensables par des impératifs, notamment esthétiques, techniques ou de sécurité publique, légitimés par les nécessités du service public et notamment celles résultant de la destination de l'édifice ou de son adaptation à des besoins nouveaux ». Considérant qu'il ressort des pièces du dossier soumis aux juges du fond que si la fresque au titre de laquelle M. Delom de Mezerac se prévaut de droits d'auteur a été réalisée par lui sur l'un des murs de la caserne affectée au régiment au sein duquel il effectuait son service militaire, avec l'accord de l'officier qui commandait alors le régiment, elle n'a pas été réalisée pour l'exécution de ses missions d'aspirant, chef de section ; que, par suite, en jugeant, pour en déduire que M. Delom de Mezerac ne jouissait d'aucun droit d'auteur sur cette œuvre, que « la conception et la réalisation de l'œuvre en cause ont été entreprises par le requérant dans le cadre des obligations de service public auxquelles il était assujetti », la cour a donné aux faits de l'espèce une qualification juridique erronée ; que M. Delom de Mezerac est dès lors fondé, sans qu'il soit besoin d'examiner les autres moyens de son pourvoi, à demander l'annulation de l'arrêt attaqué.

ou de sécurité publique et ont accordé à M. Arnaud Delom de Mezerac à raison de l'atteinte portée à son droit moral sur son œuvre une indemnisation modeste, à savoir 3 000 euros[14].

II. LES ÉVOLUTIONS INTRODUITES PAR LA LOI N° 2011-525 DU 17 MAI 2011 DE SIMPLIFICATION ET D'AMÉLIORATION DE LA QUALITÉ DU DROIT

A. DES MODIFICATIONS LÉGISLATIVES N'AYANT PAS ÉTÉ PERÇUES DE PRIME ABORD PAR LA JURIDICTION ADMINISTRATIVE COMME MODIFIANT LES RÈGLES DE COMPÉTENCE ENTRE JURIDICTIONS

Le législateur a modifié la rédaction du premier alinéa de l'article L. 331-1 du Code de la propriété intellectuelle *via* l'article 196 de la loi du 17 mai 2011 de simplification et d'amélioration de la qualité du droit. Il a ainsi décidé que

> « les actions civiles et les demandes relatives à la propriété littéraire et artistique, y compris lorsqu'elles portent également sur une question connexe de concurrence déloyale, sont exclusivement portées devant des tribunaux de grande instance, déterminés par voie réglementaire ».

Une telle rédaction a été introduite par la voie d'un amendement parlementaire de M. Béteille, vice-président de la Commission des lois du Sénat. Un tel amendement qui tendait exclusivement à limiter le nombre de tribunaux de grande instance compétents en matière de propriété intellectuelle[15] n'a pas été perçu par la juridiction administrative comme entraînant l'exclusion de sa compétence. Par un arrêt du 18 avril 2013, n° 11VE02414, donc postérieurement à cette loi du 17 mai 2011, la cour administrative d'appel de Versailles (CAA) s'est estimée compétente pour traiter d'un litige portant sur un contrat de cession par Pôle Emploi (ex-ANPE) de droits d'exploitation à une société de droit privé. Pour fonder sa compétence, la CAA de Versailles a relevé l'existence dans ce contrat d'une clause exorbitante du droit commun permettant à l'ANPE de le résilier unilatéralement sans paiement d'indemnité, en a tiré comme conséquence que ce contrat était un contrat administratif et « qu'il ne résultait pas des travaux préparatoires à la loi du 17 mai 2011 » [...] que « le législateur aurait entendu, par dérogation aux principes gouvernant la responsabilité des personnes publiques, faire relever de la compétence des tribunaux

14. CAA Douai, 23 juin 2015, *M. Arnaud Delom de Mezerac*, req. n° 14DA01687.

15. V. sur ce point les conclusions du commissaire du gouvernement Mme Escaut sous les décisions du T. confl. n°s 3954 et 3955 du 7 juill. 2014 : *M. A. c. Maison départementale des personnes handicapées de Meurthe-et-Moselle* et *M. Minisini c/ Département de Meurthe-et-Moselle*, en A.

de l'ordre judiciaire les demandes indemnitaires relatives à la propriété littéraire et artistique fondées sur l'exécution d'un contrat administratif ».

B. LE CHOIX DU TRIBUNAL DES CONFLITS DE CRÉER UN BLOC DE COMPÉTENCE JUDICIAIRE COUVRANT LES ACTIONS FONDÉES SUR LA MÉCONNAISSANCE PAR LES PERSONNES PUBLIQUES DES DROITS EN MATIÈRE DE PROPRIÉTÉ LITTÉRAIRE ET ARTISTIQUE

Les divergences d'interprétation sur la portée de l'article L. 331-1 du Code de la propriété intellectuelle vont amener le Tribunal des conflits à trancher en faveur d'un bloc de compétence pour la juridiction judiciaire par deux décisions des 7 juillet 2014, n° 3954, *M. Minisini c/ Maison départementale des personnes handicapées de Meurthe-et-Moselle* et n° 3955, *M. Minisini c/ Département de Meurthe-et-Moselle*, en A. Dans le cadre de la première affaire soumise au Tribunal des conflits, M. Minisini, photographe, contestait l'utilisation par la maison départementale des personnes handicapées de Meurthe-et-Moselle de certains de ses clichés photographiques et recherchait la responsabilité délictuelle de la maison départementale. Dans la seconde affaire, c'est une question de responsabilité contractuelle qui est en jeu dès lors que M. Minisini avait signé avec le Département de Meurthe-et-Moselle un contrat portant sur la cession des droits de reproduction et de diffusion de photographies, ce contrat s'insérant dans le cadre d'un marché public. Estimant que le Département avait, d'une part, exploité des photographies non incluses dans le contrat de cession ou au-delà du terme de cette cession et, d'autre part, avait refusé à tort de lui restituer des CD-Rom contenant les clichés, M. Minisini invoquait pour fonder sa demande en indemnisation la mauvaise application du contrat par le Département. Pour ces deux affaires, le Tribunal des conflits juge que

> « si la responsabilité qui peut incomber à l'État ou aux autres personnes morales de droit public en raison des dommages imputés à leurs services publics administratifs est soumise à un régime de droit public et relève en conséquence de la juridiction administrative, il en va autrement si la loi, par une disposition expresse, a dérogé à ces principes[16] ».

Il indique ensuite

> « que par dérogation aux principes gouvernant la responsabilité des personnes publiques, la recherche d'une responsabilité fondée sur la méconnaissance par ces dernières de droits en matière de propriété littéraire et artistique relève, depuis l'entrée en vigueur de la loi du 17 mai 2011, de

16. On retrouve ici la logique du commissaire du gouvernement Braibant exposée ci-avant sur la nécessité de dispositions claires et expresses du législateur pour modifier la répartition « classique » des compétences entre juridiction judiciaire et juridiction administrative.

> la compétence des juridictions de l'ordre judiciaire, sous réserve qu'une décision juridictionnelle ne soit pas déjà intervenue sur le fond devant les juridictions de l'ordre administratif » (T. confl., n° 3954).

Il précise surtout dans la décision n° 3955 que

> « bien que M. A... soit lié au département de Meurthe-et-Moselle par un contrat de cession de droits relevant du Code des marchés publics, les litiges nés des actions dirigées contre cette personne publique au titre de son droit d'auteur relèvent de la compétence de la juridiction de l'ordre judiciaire ».

Le Tribunal des conflits a ainsi fait primer la loi du 17 mai 2011 sur la logique de compétence juridictionnelle de la juridiction administrative pour traiter des litiges concernant des marchés publics. Cette préférence donnée à la loi du 17 mai 2011 repose sur le principe qu'une loi spéciale (celle de la propriété intellectuelle) prime sur une loi générale de même valeur.

Cette même logique a été explicitée de manière pédagogique dans un arrêt de la cour administrative d'appel de Bordeaux du 12 juillet 2016, *Commune de Castelculier*, req. n° 15BX01357. La cour administrative d'appel après analyse de l'argumentation des parties relève ainsi

> « qu'eu égard à son objet et dès lors qu'elle est fondée sur les conséquences à tirer de son droit de propriété littéraire et artistique, la recherche de la responsabilité de la commune de Castelculier par l'association Le Créacteur à raison de la conservation de matériels, fournitures et décors de spectacles acquis par l'association pour la réalisation d'un spectacle ne peut être engagée que devant la juridiction judiciaire. Par suite, et bien que l'association Le Créacteur soit liée à la commune de Castelculier par un marché de services relevant du Code des marchés publics, c'est à tort que le tribunal administratif de Bordeaux a estimé qu'il était compétent pour connaître du litige et son jugement doit, dès lors, être annulé ».

Ces précisions apportées par ces deux décisions du Tribunal des conflits du 7 juillet 2014 ne sauraient pour autant mettre totalement hors jeu le juge administratif pour traiter de certaines questions en matière de propriété intellectuelle.

III. LE TRAVAIL PARTENARIAL ENTRE LES DEUX ORDRES DE JURIDICTIONS DANS LE CADRE DE QUESTIONS PRÉJUDICIELLES

Par la décision n° 4069 *M. Jean Nouvel c/ Association Philharmonie de Paris* du 5 septembre 2016 et par la décision n° 4169 *Sté Biomediqa* du 9 décembre 2019, le Tribunal des conflits va définir un travail partenarial des juges administratifs et judiciaires civils sur leurs champs de compétence respectifs dans le cadre de questions préjudicielles[17].

Le Tribunal des conflits dans sa décision du 5 septembre 2016 *M. Jean Nouvel* juge que le juge judiciaire est seul compétent pour constater l'existence d'une atteinte au droit moral d'un architecte et pour statuer sur l'existence du préjudice allégué. Par suite, le juge judiciaire est seul compétent pour condamner la personne publique à indemniser le requérant en cas de violation des droits de propriété intellectuelle. Toutefois, il précise aussitôt que seul le juge administratif est compétent pour ordonner des mesures de nature à porter atteinte, sous quelque forme que ce soit, à l'intégrité d'un ouvrage public[18]. On retrouve ici la logique « classique » sur la compétence du juge administratif sur les ouvrages publics. Le Tribunal des conflits en tire comme conséquence que le juge judiciaire doit se déclarer incompétent pour ordonner la réalisation de travaux sur l'ouvrage public et que, dans l'hypothèse où le juge administratif serait directement saisi d'une demande de travaux sur un ouvrage public fondée sur l'existence d'une atteinte au droit moral, il lui incomberait de ne statuer qu'après la décision du tribunal de grande instance compétent, saisi à titre préjudiciel, sur l'existence de l'atteinte et du préjudice allégués. Le juge administratif doit attendre la réponse du juge judiciaire à sa question préjudicielle avant de pouvoir statuer au fond sur le litige lui étant soumis dès lors que le Tribunal des conflits n'a pas (pour lors) consacré de possibilité pour le juge administratif de statuer en matière de propriété littéraire et artistique « au regard d'une jurisprudence établie ».

La question soumise au Tribunal des conflits dans le cadre du litige Biomediqa lui ayant été renvoyé par le tribunal administratif de Lyon portait sur l'ordre de juridiction compétent pour connaître de la demande tendant à l'annulation d'un marché public formée par un concurrent évincé (la société Biomediqa) dans le cas où l'un des moyens d'irrégularité de l'offre retenue par le pouvoir adjudicateur est tiré de la méconnaissance de ses droits de

---

17. La question préjudicielle est celle sur laquelle le juge saisi de manière principale d'un litige ne peut se prononcer directement. Il doit alors surseoir à statuer en portant la question à la connaissance d'un autre juge étant compétent pour traiter de cette question. Ceci suppose que la solution du litige dont est saisi le juge dépende d'une décision pouvant seulement être rendue par une juridiction de l'autre ordre et que la question soulève une difficulté sérieuse.
18. Considérant utile de cette décision n° 4096 du Tribunal des conflits du 5 sept. 2016 : « Considérant que l'article L. 331-1 du Code de la propriété intellectuelle dispose que : "Les actions civiles et les demandes relatives à la propriété littéraire et artistique, y compris lorsqu'elles portent également sur une question connexe de concurrence déloyale, sont exclusivement portées devant les tribunaux de grande instance, déterminés par voie réglementaire" ; que si ces dispositions réservent aux tribunaux de grande instance la connaissance des litiges qu'elles mentionnent, en dérogeant, le cas échéant, aux principes gouvernant la responsabilité des personnes publiques, elles ne sauraient être interprétées comme donnant compétence aux juridictions de l'ordre judiciaire pour ordonner des mesures de nature à porter atteinte, sous quelque forme que ce soit, à l'intégrité d'un ouvrage public. »

propriété intellectuelle. En l'espèce, la société Biomediqa soutenait que le produit proposé par la société attributaire contrefaisait le brevet dont elle est titulaire. La société requérante demandait à être indemnisée du préjudice né de son éviction irrégulière de ce marché. Dans sa décision du 9 décembre 2019, le Tribunal des conflits rappelle que l'article L. 615-17, alinéa 1er, du Code de la propriété intellectuelle, qui réserve aux tribunaux de grande instance spécialement désignés la connaissance des litiges relatifs aux brevets d'invention, déroge aux principes gouvernant la responsabilité des personnes publiques, ainsi qu'à la règle de compétence énoncée par l'article 2 de la loi n° 2001-1168 du 11 décembre 2001. Le Tribunal retient en conséquence que, s'agissant d'un litige qui tend à l'annulation d'un contrat administratif et à l'indemnisation du préjudice résultant de l'éviction irrégulière d'un candidat, la juridiction administrative a seule compétence pour en connaître. Cependant, en cas de contestation sérieuse et sous réserve que cette appréciation soit nécessaire à la solution du litige, il appartient à la juridiction administrative de saisir, à titre préjudiciel, le tribunal de grande instance compétent afin qu'il soit statué sur l'existence de la contrefaçon des droits de propriété intellectuelle invoqués par la société Biomediqa. Le Tribunal des conflits précise que la juridiction administrative, en revanche, a seule compétence pour se prononcer, ensuite, sur les autres moyens d'annulation et, si elle constate l'existence de vices entachant la validité du contrat, pour en apprécier l'importance et les conséquences. Avec la notion de « contestation sérieuse », le juge administratif n'a ainsi pas à saisir systématiquement le juge judiciaire d'une question préjudicielle pour toutes les argumentations relatives à la violation des droits de propriété intellectuelle. Par suite, en cas de moyen tiré de la violation de droits de propriété intellectuelle, soit le juge rejette ce moyen comme non fondé, soit, estimant qu'il y a contestation sérieuse rendue nécessaire à la solution du litige – notamment pour statuer sur la validité du contrat (résiliation ou annulation du contrat) et sur l'indemnisation du concurrent évincé –, il doit saisir le tribunal judiciaire d'une question préjudicielle.

IV. LE MAINTIEN D'ÎLOTS RÉSIDUELS DE COMPÉTENCE EN LIEN AVEC LA PROPRIÉTÉ INTELLECTUELLE RESTANT CONFIÉS EXCLUSIVEMENT AU JUGE ADMINISTRATIF

La juridiction administrative reste compétente pour traiter des litiges portant sur des thématiques, en pleine expansion et souvent médiatisées, connexes au droit de la propriété intellectuelle. Parmi celles-ci (sans que cette liste soit exhaustive) peuvent être cités :

- les litiges fiscaux portant sur les redevances concernant l'utilisation de marques, de logos ou une licence. V., CE 8 juin 2020, req. n° 417962, CE

20 mai 2022, req. n° 444451 concernant la convention fiscale franco-néo-zélandaise sur les redevances[19] ;

- les modalités de paiement des annuités de brevets dans le cadre des dépôts de brevets auprès de l'Institut national de la propriété intellectuelle (INPI). Le Conseil d'État par une décision récente n° 469689 du 7 novembre 2023, *M. Galland c/ INPI*, a validé la décision du directeur de l'INPI fixant les modalités pratiques de paiement des annuités de brevet ;
- la communication des documents administratifs. Par une décision *Association spirituelle de l'Église de Scientologie Celebrity Centre* n° 375704 du 8 novembre 2017, en A, le Conseil d'État a jugé que pour des supports d'enseignement constituant des documents administratifs, leur communication, s'ils n'ont pas déjà fait l'objet d'une divulgation, au sens de l'article L. 121-2 du Code de la propriété intellectuelle, nécessite de recueillir l'accord de leur auteur[20] ;
- une inscription sans accord des propriétaires au titre des monuments historiques d'un immeuble par nature (Art. L. 621-25 du Code du patrimoine). Par une décision, n° 447967, *Ministre de la Culture*, du 2 juillet 2021, le Conseil d'État a jugé que « la sculpture "Le Baiser" de Constantin Brancusi qui surmonte la tombe de Tania Rachewskaïa est un élément de cet édifice qui a perdu son individualité lorsqu'il a été incorporé au monument funéraire [...] » et en a tiré comme conséquence qu'il s'agissait d'un immeuble par nature, ce qui permettait une inscription aux monuments historiques sans accord des propriétaires ;
- les mises en demeure du Conseil supérieur de l'audiovisuel, autorité administrative indépendante, portant sur le « respect de la propriété d'autrui » laquelle comprend la propriété intellectuelle et les droits voisins. Le Conseil d'État a ainsi jugé par décision n° 302020 du 2 décembre 2009

19. Le terme « redevances » employé dans le présent article désigne les rémunérations de toute nature payées pour l'usage ou la concession de l'usage d'un droit d'auteur sur une œuvre littéraire, artistique ou scientifique, y compris les films cinématographiques et les œuvres enregistrées pour la radiodiffusion ou la télévision, d'un brevet, d'une marque de fabrique ou de commerce, d'un dessin ou d'un modèle, d'un plan, d'une formule ou d'un procédé secrets, ainsi que pour l'usage ou la concession de l'usage d'un équipement industriel, commercial ou scientifique et pour des informations ayant trait à une expérience acquise dans le domaine industriel, commercial ou scientifique.

20. « Aux termes de l'article 9 de la loi du 17 juillet 1978, désormais repris à l'article L. 311-4 du Code des relations entre le public et l'administration : "Les documents administratifs sont communiqués sous réserve des droits de propriété littéraire et artistique". Ces dispositions impliquent, avant de procéder à la communication de supports d'enseignement n'ayant pas déjà fait l'objet d'une divulgation, au sens de l'article L. 121-2 du Code de la propriété intellectuelle, de recueillir l'accord de leur auteur. Dès lors, contrairement à ce qui est soutenu, en enjoignant à l'ENM de ne communiquer à l'association requérante les documents remis aux participants aux formations sur les dérives sectaires organisées entre 1998 et 2012 que s'ils n'étaient pas soumis aux droits de propriété littéraire et artistique, le tribunal administratif, qui a ainsi fait application des dispositions précitées de l'article 9 de la loi du 17 juillet 1978, s'est borné à exercer son office sans soulever d'office un moyen sur lequel les parties n'auraient pas été mises à même de présenter leurs observations. »

BFM c/ Conseil supérieur de l'audiovisuel, en A, « qu'il résulte de l'ensemble de ces dispositions qu'il entre dans les missions du Conseil supérieur de l'audiovisuel de veiller au respect de la législation relative à la protection de la propriété intellectuelle par les services audiovisuels placés sous son contrôle et, en cas de méconnaissance par ceux-ci de leurs obligations, d'exercer le pouvoir de sanction que lui confèrent les dispositions de la loi du 30 septembre 1986 ; qu'il appartenait à l'autorité de régulation de procéder elle-même à l'appréciation d'une telle méconnaissance par la SOCIÉTÉ BFM TV, sans attendre que le juge judiciaire ait, le cas échéant, tranché le litige opposant les sociétés LCP à cette société ; que la SOCIÉTÉ BFM-TV n'est par suite pas fondée à soutenir que l'autorité de régulation ne pouvait légalement, pour le motif qu'elle a retenu, prononcer de mise en demeure à son encontre » ;

- la disponibilité de certains vaccins et la question de la licence d'office en cas d'exigence posée par la santé publique prévue à l'article L. 613-6 du Code de la propriété intellectuelle[21]. Ainsi, le Conseil d'État par une décision n° 397151, *Beaudelet de Livois*, du 8 février 2017 a eu à se prononcer sur un refus du ministre de la Santé de mettre en place des mesures permettant de rendre disponibles des vaccins correspondant aux seules vaccinations obligatoires et à enjoindre à celui-ci de prendre certaines mesures et à saisir les autorités compétentes en matière de brevet d'office[22] ;

21. L. 613-6 du CPI : Si l'intérêt de la santé publique l'exige et à défaut d'accord amiable avec le titulaire du brevet, le ministre chargé de la propriété industrielle peut, sur la demande du ministre chargé de la santé publique, soumettre par arrêté au régime de la licence d'office, dans les conditions prévues à l'article L. 613-17, tout brevet délivré pour : a) Un médicament, un dispositif médical, un dispositif médical de diagnostic in vitro, un produit thérapeutique annexe ; b) Leur procédé d'obtention, un produit nécessaire à leur obtention ou un procédé de fabrication d'un tel produit ; c) Une méthode de diagnostic ex vivo.

22. CE 8 févr. 2017, *Beaudelet de Livois*, req. n° 397151 : « En vertu des articles L. 5121-31 et L. 5121-32 du Code de la santé publique, les titulaires d'autorisation de mise sur le marché et les entreprises pharmaceutiques exploitant des médicaments doivent élaborer et mettre en œuvre un plan de gestion des pénuries pour les vaccins dont la liste est fixée par le ministre chargé de la santé. Ils doivent, sous le contrôle de l'Agence nationale de sécurité du médicament et des produits de santé, prendre pour ces vaccins, au même titre que pour les autres médicaments d'intérêt thérapeutique majeur, les solutions permettant de faire face aux risques de rupture de stock. Et les pouvoirs publics disposent du pouvoir de sanctionner les laboratoires et entreprises ne respectant pas ces obligations légales. De plus, en vertu de l'article L. 613-16 du Code de la propriété intellectuelle, le ministre chargé de la santé peut, dans l'intérêt de la santé publique, demander au ministre chargé de la propriété intellectuelle de soumettre par arrêté le brevet délivré pour un médicament au régime de la licence d'office au bénéfice d'un établissement pharmaceutique, ou au bénéfice, désormais, de l'Agence nationale de la santé publique en vertu des dispositions de l'article L. 3135-1, laquelle a repris les compétences sur ce point de l'ancien Établissement de préparation et de réponse aux urgences sanitaires, afin d'assurer sa mise à disposition en quantité suffisante. Enfin, en vertu des mêmes dispositions, cet établissement peut, dans l'intérêt de la santé publique et à la demande du ministre chargé de la santé, procéder notamment à l'acquisition, la fabrication, l'importation et la distribution de médicaments pour faire face à leur commercialisation ou

Il résulte de ce que nous avons décrit ci-avant sur la répartition des compétences entre juge administratif et juge judiciaire que la formule suivante de Jean-Marc Sauvé, ancien vice-président du Conseil d'État, sur les contrôles menés sur l'acte administratif par le juge judiciaire et le juge administratif[23] apparaît facilement duplicable au contentieux de la propriété intellectuelle :

> « La frontière séparant les deux ordres de juridiction n'a rien de linéaire, elle se découpe de manière sinueuse selon les blocs de compétences qu'a façonnés le législateur ou le juge des conflits dans l'intérêt d'une bonne administration de la justice, et suivant les compétences dévolues aux différents juges par la Constitution elle-même et les principes qui en sont issus [...] la répartition des compétences se laisse difficilement déduire de la pureté d'axiomes juridiques intemporels mais répond d'abord à des éléments de "contexte" pour reprendre l'expression du doyen Vedel, qui se cristallisent en se rationalisant dans les formes du droit. »

---

production insuffisante. [...] L'annulation de la décision attaquée implique nécessairement que, si la situation décrite au point 3 perdure et à défaut d'élargissement par la loi de l'étendue des obligations vaccinales, le ministre chargé de la santé prenne des mesures ou saisisse les autorités compétentes en vue de l'adoption de mesures destinées à permettre la disponibilité de vaccins correspondant aux seules obligations de vaccinations antidiphtérique, antitétanique et antipoliomyélitique prévues aux articles L. 3111-2 et L. 3111-3 du Code de la santé publique. »

23. Intervention de Jean-Marc Sauvé, vice-président du Conseil d'État, à l'occasion du colloque organisé par la Cour de cassation, vendredi 4 avr. 2014, sur le thème : « L'acte administratif sous le regard du juge judiciaire » https://www.conseil-etat.fr/publications-colloques/discours-et-interventions/l-acte-administratif-sous-le-regard-du-juge-judiciaire

SECOND SOUS-TITRE

La gestion des droits de propriété intellectuelle par les personnes publiques : entre protection et valorisation

Les propriétés publiques incorporelles

PHILIPPE YOLKA
Professeur de droit public,
Université Grenoble Alpes (CRJ)

Au sein d'un vaste bric-à-brac constitué par les actifs incorporels des personnes publiques (clientèles des établissements publics industriels et commerciaux, fonds de commerce des communes, actions représentatives des parts du capital des entreprises du secteur public[1]...), la propriété intellectuelle – marques, brevets, logiciels, obtentions végétales, droits de propriété littéraire et artistique ou droits voisins[2]... – a sécrété une littérature abondante. C'est en effet essentiellement au prisme de la propriété que l'immatériel administratif a été étudié par la doctrine académique[3] ; ceci, surtout depuis que sa valorisation économique est devenue – au mitan des années 2000 – l'objet d'une politique publique à part entière[4], avec maints prolongements norma-

1. Encore n'entre-t-on pas dans des débats susceptibles d'accroître tant le champ que l'hétérogénéité de l'incorporel public (comptabilisation des prérogatives souveraines [A. Le Pillouer, « La souveraineté à l'actif de l'État ? », *in* S. Kott (dir.), *Droit et comptabilité*, Paris, Economica, 2017, p. 285 ; L. Vanier, « La souveraineté, un bien comptable ?, RDP 2024, n° 4. 162], statut de l'énergie [F. Blanc, « La propriété des forces », *Dr. adm.* 2022. Focus 3], etc.).
2. Le tout représentant environ 4 % des actifs non financiers des administrations publiques (source : INSEE, 2022).
3. V. not., pour quelques ouvrages, C. Blaizot-Hazard, *Les droits de propriété intellectuelle des personnes publiques en droit français*, Paris, LGDJ, 1991 ; Conseil d'État, *Le patrimoine immatériel des personnes publiques*, Paris, Doc. fr., 2013 ; L. Hennequin-Marc, *La propriété intellectuelle des personnes publiques*, th. Paris 2, 2016 ; M. Boul, *Le patrimoine immatériel des personnes publiques*, Paris, LGDJ, 2023.
4. Hors du Code général de la propriété des personnes publiques, entré en vigueur en 2006 et qui ne s'est pas préoccupé du sujet (J.-M. Bruguière, « L'immatériel à la trappe », *D.* 2006. 2804). V., Circ. 18 avr. 2007 relative à la gestion des actifs immatériels de l'État, reprenant certaines préconisations du rapport de M. Lévy et J.-P. Jouyet, *L'économie de l'immatériel : la croissance de demain*, Paris, Doc. fr., 2007). Pour un bilan d'étape, J. Lajous et C. Rousseau (dir.), *La valorisation du patrimoine immatériel des personnes publiques. 10 ans après le rapport Lévy-Jouyet*, Paris, Inst. univ. Varenne/Lextenso, 2019.

tifs[5] et institutionnels (en particulier l'APIE[6]). Dans cette évolution, le droit public financier aura joué un rôle déterminant (baisse des dotations d'État imposant aux personnes publiques secondaires un autofinancement accru ; rapprochement progressif de la comptabilité publique par rapport à la comptabilité privée[7]).

Que dire de ces « actifs propriétaires » sous l'angle d'une gestion animée par la classique tension entre deux polarités – valorisation et protection –, comme nous y invite le programme ? Le sujet est au carrefour de deux approches : vu du droit administratif des biens, l'on a affaire à des « biens publics spéciaux » (car incorporels[8]). Vu du droit de la propriété intellectuelle, il s'agit de « biens immatériels spéciaux » (car publics). L'amateur de curiosités (d'où qu'il vienne) ne sera donc pas déçu, contemplant ce paysage dont l'horizon correspond – c'est le fil rouge du colloque – à l'émergence possible d'un « droit public de la propriété intellectuelle » (chrysalide devenue, enfin, papillon[9]).

Pourtant, l'étude des biens publics immatériels ne paraît pas révéler d'originalité majeure dans le régime juridique de ces propriétés incorporelles, qui sont appréhendées à travers les cadres intellectuels du droit domanial (**I**). Mais précisément, ce traitement générique conduit à s'interroger sur l'adaptation des règles applicables, au regard des difficultés qu'il soulève (**II**).

I. LES PROPRIÉTÉS PUBLIQUES INCORPORELLES : DES QUALIFICATIONS DOMANIALES STANDARDISÉES ?

À de rares exceptions, aucun texte ne précise la qualification domaniale des éléments immatériels figurant dans les patrimoines publics. Elle se déduit

5. V. en dernier lieu, Circ. 17 févr. 2020 relative à la nouvelle stratégie de marque de l'État (*JCP* A 2020, n° 16, comm. p. 3).
6. Créée comme Agence du patrimoine immatériel de l'État par Arr. 23 avr. 2007 mod. et intégrée à la DAJ du ministère de l'Économie comme mission d'appui au patrimoine immatériel de l'État par Décr. n° 2019-1454, 24 déc. 2019 (*JCP* A 2020. Actu. 33).
7. C. Chamard-Heim, « Propriété publique et finances publiques », in *AFDA : La propriété publique*, Paris, Dalloz, coll. « Thèmes & commentaires », 2020, p. 165 ; L. Bahougne, « L'influence des méthodes comptables sur le droit administratif », in *AFDA : Les méthodes en droit administratif*, Paris, Dalloz, coll. « Thèmes & commentaires », 2018, p. 215 ; F. Marty, S. Trosa, A. Voisin, « Les enjeux liés à l'adoption d'une comptabilité patrimoniale par les administrations centrales », *RISA* 2006. 213 ; C. Lavialle, « Les propriétés publiques saisies par la comptabilité », *AJDA* 2005. 2257. Sur les difficultés en rapport, L. Bahougne, A. Camus, *Droit de la comptabilité publique*, Paris, PUF, 2020, spéc. n° 235 ; A. Kallergis, « Droit comptable et notion juridique de propriété », *RDP* 2024, n° 4, p. 169. Comp., en droit privé (parmi une littérature considérable), J. Fabre, *L'immobilisation des créations immatérielles*, th. Montpellier 1, 1999.
8. V. not., C. Chamard-Heim, « Les nouveaux biens publics », *in* C. Roux et C. Testard (dir.), *Aux confins du droit administratif*, Paris, IFJD/Lextenso, 2023, p. 155 ; F. Tarlet, « Le patrimoine public de demain », *Dr. adm.* 2023, n° 10, p. 77.
9. V. la contribution de B. Warusfel.

plutôt d'une jurisprudence donnant à voir une domanialité privée qui demeure le principe, mais une domanialité publique dont le champ s'accroît sensiblement au fil du temps (la question étant de savoir jusqu'où). Ce tableau général laisse subsister – on le verra ensuite – d'assez nombreuses zones d'ombre.

A. DES CERTITUDES FRAGILES

En s'en tenant au « cœur de cible » parmi ces actifs, dont la soumission à des droits de propriété intellectuelle de personnes publiques ne fait pas de doute (marques, brevets, droits d'auteur, etc.), la principale interrogation à l'intersection des droits public et privé réside dans la qualification domaniale de tels éléments. En effet, les patrimoines publics sont divisés en deux catégories – domaine public et domaine privé – qui conditionnent en bonne part le traitement juridique et contentieux des biens y figurant, dans des conditions surtout déterminées par le Code général de la propriété des personnes publiques[10].

1. Statique : une intégration dans la dualité domaniale

Si les textes sont quasiment muets sur la qualification domaniale des éléments incorporels, une maigre jurisprudence a généralement été interprétée comme révélant leur appartenance de principe au domaine privé des collectivités publiques (par exemple, en ce qui concerne des marques ou des logiciels[11]) ; ce qui autoriserait une valorisation dans les conditions du droit privé, suivant les dispositions du Code de la propriété intellectuelle.

Pour autant, l'existence d'un domaine public incorporel a pu faire question[12]. Elle est directement consacrée à propos des fréquences hertziennes, intégrées au domaine public immobilier par le Code général de la propriété des personnes publiques (Art. L. 2111-17). Et indirectement, celui-ci ne l'exclut pas de son appréhension du domaine public mobilier (Art. L. 2112-1), s'agissant des archives publiques numérisées et des exemplaires dématérialisés du dépôt légal[13], ou encore de brevets qui présenteraient une importance technique ou scientifique avérée[14].

10. « Distinction du domaine public et du domaine privé » (*J.-Cl. Propriétés publiques*, fasc. 10).
11. V., d'une part, CE 23 mars 1960, *Sté Spiesshofer et Braun*, *Lebon* 215. D'autre part, CE 28 mai 2004, *Aéroports de Paris*, req. n° 241304, *JCP* A 2004. 1509 ; *RJEP* 2004. 556, concl. Bachelier ; CAA Paris, 12 févr. 2010, *Sté RTE-EDF*, req. n° 07PA01825, *JCP* A 2011. 2000, chron. Foulquier.
12. N. Foulquier, « Le domaine public immatériel ? », *Gaz. cnes* 7 mai 2012, Cah. n° 2, p. 18.
13. V. Game, « Le dépôt légal des œuvres numériques », *D.* 2006. 2191 ; sur les modalités pratiques, Art. R. 132-9 s. C. patr.F. Banat-Berger, L. Duplouy, C. Huc, *L'archivage numérique à long terme : les débuts de la maturité ?*, Paris, Doc. fr., 2009 ; « Archives : une révolution invisible », *Le Débat*, 2010, n° 158, dossier p. 60 s. ; G. Bachoué Pedrouzo, « L'archivage numérique dans la sphère publique, les enjeux d'une législation annoncée », *RFAP* 2014. 825.
14. Par ex., les brevets militaires (N. Wuylens, *Défense nationale et propriété industrielle*, th. Paris 2, 1998 ; C. Malwé, « La valorisation du patrimoine immatériel de la Défense », *in*

2. Dynamique : des lignes qui bougent

Mais le principal filon gît ailleurs, dans le droit des concessions tel que modelé par la jurisprudence administrative[15]. D'abord réticent à l'exploiter[16], le Conseil d'État a récemment admis – après la doctrine administrative[17] – que la théorie des « biens de retour » dans les contrats de concession (aujourd'hui codifiée : Art. L. 3132-4 s. CCP) implique la domanialité publique de certains éléments immatériels, indispensables au fonctionnement du service public délégué[18]. Une telle évolution s'avère particulièrement instructive quant à la capacité de la Haute Assemblée à incorporer dans ses « cathédrales jurisprudentielles » des matériaux issus du droit privé[19].

Cette nouvelle frontière du domaine public incorporel traduit un phénomène d'expansion dont on est loin d'avoir mesuré tous les effets (un important gisement correspond aux « marques de retour » des concessions). Le Conseil d'État s'est implicitement engagé dans le débat sur la propriété des droits, ce qui ouvre des perspectives (entre autres, sur la domanialité publique des objets numériques[20]) ; et la catégorie des biens de retour s'étend maintenant à certains actifs qui appartenaient au concessionnaire avant le début des relations contractuelles[21]. Si le spectre d'une « hypertrophie pathologique du domaine

coll., *Patrimoine[s] et équipements militaires. Aspects juridiques*, Paris, Inst. univ. Varenne/ Lextenso, p. 315 ; anciennement, H. Decelle, *Les brevets d'invention, la défense nationale et la législation française de la guerre de 1939*, Jouve, 1941).

15. Not., S. Serpentier-Linares, « La propriété des droits immatériels dans une DSP », *Contrats publics* janv. 2013, p. 34.

16. V., pour des quotas d'émission de CO^2 excédentaires, CE 6 oct. 2017, *Cne de Valence*, req. n° 402322, *AJDA* 2018. 629, note Martin ; *BJCL* 2017. 665, concl. Henrard, obs. Dreyfus ; *CMP* 2017, comm. 280, note Eckert ; *JCP* A 2017. 2291, comm. Vila.

17. À propos des bases de données, Rép. min. à QE n° 13692 (*JO Sénat*, 12 mars 2020, p. 1270).

18. V., pour des droits d'administration de pages de réseaux sociaux, CE 16 mai 2022, *Cne de Nîmes*, req. n° 459904, *AJCT* 2022. 515, obs. Dreyfus ; *AJDA* 2022. 1204, chron. Pradines et Janicot, p. 1958, note Boul ; *BJCL* 2022. 403, concl. Pichon de Vendeuil ; *CMP* 2022. Repère 8, obs. Clamour et comm. 241, note Eckert ; *Dr. voirie* 2022. 111, note Roux ; *JCP* A 2022. 2274, n° 25, chron. Martin, Pellissier et Vila ; *Juristourisme* 2022, n° 254, p. 11, obs. Devès ; *Propr. intell.* 2022, n° 84, chron. p. 119 et n° 85, p. 32, note Bruguière ; *RFDA* 2022. 803, note Lafaix.

19. B. Plessix, *L'utilisation du droit civil dans l'élaboration du droit administratif*, Paris, éd. Panthéon-Assas, 2003.

20. V. ainsi, n'écartant la qualification de bien de retour – donc, la domanialité publique – d'un hologramme que parce qu'il n'était pas indispensable au fonctionnement du service public, TA Nantes, 2 nov. 2022, *Sté BPCE Factor et SAS Etoile*, n° 1912648, *CMP* 2023, comm. 16, note Eckert ; *Dr. voirie* 2023. 87, chron. Roux ; *JCP* A 2023. 2001, n° 10, chron. Erstein et Friedrich.

21. CE 29 juin 2018, *Min. Int.*, req. n° 40225, *AJDA* 2018. 1656, chron. Nicolas et Faure ; *CMP* 2018, comm. 232, note Eckert ; *JCP* 2018. 2398, chron. Éveillard ; *RFDA* 2018. 939, concl. Henrard. Sur la conventionnalité de cet élargissement, CEDH 5 oct. 2023, *SARL Couttolenc frères c/ France*, req. n° 24300/20, *AJCT* 2024. 49, obs. Dreyfus ; *AJDA* 2023. 2059, note Roux ; *Rev. CMP* 2024, comm. 44, obs. Eckert ; *Rev. CMP* 2024, Chron. 8, n° 3, obs. Soler-Couteaux, Zimmer et Waltuch ; *Dr. adm.* 2023. 6, obs. Tarlet ; *DAUH* 2024, n° 417, chron.

public » (pour emprunter la formule célèbre de G. Liet-Veaux[22]) reste encore lointain en matière incorporelle, le phénomène de dilatation à l'œuvre ces dernières années n'en est pas moins remarquable.

Suivant « d'où l'on parle », ce panorama suggérera des lectures divergentes. Considéré à partir du droit administratif (des biens, mais aussi des contrats), il ne présente guère d'originalité, vu la mobilisation de cadres de pensée familiers. Depuis le droit de la propriété intellectuelle, il s'avère beaucoup plus exotique, l'intégration d'éléments immatériels dans les constructions prétoriennes du Palais-Royal supposant d'évacuer – l'on y reviendra – certains principes du droit de la propriété intellectuelle.

B. DES INCERTITUDES PERSISTANTES

Elles concernent tant le champ des biens publics immatériels que le mode de détermination de leur qualification domaniale.

1. Un périmètre en question(s)

S'agissant du tracé des frontières, les propriétés publiques incorporelles forment un territoire incertain, dont la nébulosité des contours oblige à s'interroger sur la « consistance de l'inconsistant » et de délicates questions de bornage[23]. Par exemple, à partir de quel degré d'enrichissement une information publique entre-t-elle dans l'orbite de la propriété publique incorporelle ? S'ils ne sont pas en tant que tels couverts par le droit de la propriété intellectuelle, les « marqueurs identitaires » des personnes publiques (principalement leur nom) ne sont-ils pas attirés dans l'orbite de la patrimonialisation, comme d'autres éléments (tels les savoir-faire administratifs) ? La jurisprudence excluant l'image des biens publics ne devrait-elle pas être retravaillée avec le développement des « objets numériques », dont l'éventuelle commercialisation – spécialement, sous forme de NFT (jetons non fongibles), pour autant que cette technique prospère – implique une appropriation préalable[24] ? Les interrogations, on le voit, sont nombreuses.

Rainaud ; *Dr. voirie* 2024. 12, note Chamard-Heim. 86, chron. Roux ; *JCP* A 2023. 2365, note Vila ; *JCP A* 2024, 2051, n° 20, chron. Martin, Pellissier et Vila ; *JCP* 2023. 1836, obs. Schahmaneche ; *JCP N* 2024, Chron. 1101, n° 1 s., obs. Lafaix et Léonetti ; *RDI* 2023. 681, note Giacuzzo ; *RFDA* 2024. 751, chron. Labayle.

22. *Rev. adm.* 1970. 297.

23. *Brevitatis causa*, l'on se permettra de renvoyer – pour une analyse plus détaillée qu'il n'est pas question de reprendre ici – à « La para-propriété des personnes publiques », *in* J.-M. Bruguière (dir.), *La para-propriété intellectuelle*, Paris, Dalloz, 2022, p. 71.

24. V. la contribution de J.-M. Bruguière dans le présent ouvrage. Autour du sujet, P. Hot, « Qui peut "tokéniser" *La Joconde* ? Jetons non fongibles et domaine public culturel », *AJDA* 2022. 1663 ; J.-G. Sorbara, « L'image numérique des meubles publics », *AJDA* 2023. 363 ; auparavant, T. Soleilhac, « Les bibliothèques numériques, un domaine public immatériel », *AJDA* 2008. 1133.

2. Une méthode en question(s)

Relativement à la technique d'identification des qualifications domaniales, plusieurs difficultés existent, dont deux illustrations permettent de prendre la mesure.

a. Identification « multicritères » ou par détermination de la loi ?

Il y a une incertitude concernant le fait de savoir si, les actifs immatériels étant des meubles (à l'exception des fréquences hertziennes), la reconnaissance de leur domanialité publique passe obligatoirement par le truchement de l'article L. 2112-1 du Code général de la propriété des personnes publiques (qui porte une définition du domaine public mobilier) ou si elle pourrait être appréhendée aussi par référence aux critères du domaine public « général » (Art. L. 2111-1 CGPPP), en principe immobilier. Fondée sur la relation au service public, la jurisprudence précitée sur les biens de retour fait indirectement, mais nécessairement, pencher la balance du côté de la seconde option. Et, dès lors que l'élargissement a été admis dans le droit des concessions, on ne voit pas pourquoi le refuser en dehors[25]. Cela accroîtrait bien sûr le champ des (incertitudes) possibles.

b. Limites de l'identification directe

Un autre problème se manifeste hors du droit des concessions de service public et de la théorie des biens de retour. Les maigres certitudes que l'on croit avoir, conduisant en général vers la domanialité privée, reposent assez largement sur une méthode inductive qui consiste à partir des régimes applicables pour remonter vers les sources notionnelles. À titre d'exemple, c'est en considération des modalités de fixation de la rémunération perçue auprès des rediffuseurs de bases de données publiques – calculée non comme une redevance pour utilisation privative du domaine public, mais comme une redevance pour service rendu (à laquelle s'ajoutent des droits d'auteur) – que la domanialité privée des bases de données administratives est retenue[26].

La limite de cette démarche tient à ce qu'elle suppose l'existence de régimes assez cohérents pour constituer des indicateurs fiables, ce qui est loin d'être toujours le cas. Spécifiquement, le postulat d'après lequel un régime financier serait révélateur d'un type de domanialité est fragile, si l'on veut bien considérer l'incohérence des qualifications en la matière[27].

---

25. Dans ce sens, v. not. F. Tarlet, *Les biens publics mobiliers*, Paris, Dalloz, 2017, n° 234 s. ; égal., A. Verdier Maillot, *La reconnaissance d'une domanialité géospatiale en droit administratif des biens*, th. Montpellier I, 2014 ; auparavant, R. Léonetti, « La protection de l'affectation au service public des biens incorporels », *AJDA* 2009. 1689.
26. V., à propos du répertoire Sirene de l'INSEE : CE 10 juill. 1996, *Sté Direct Mail promotion*, req. n° 168702, *Lebon* 277 ; *AJDA* 1997. 189, note Maisl ; *RFDA* 1997. 115, concl. Denis-Linton.
27. « Qualification domaniale : les limites de la méthode inductive », *Dr. voirie* 2023. 161. V. ainsi, relevant le hiatus entre logique domaniale et modalités de calcul de redevances

Ainsi la redevance éventuellement perçue à raison de l'exploitation commerciale de l'image des domaines nationaux visés par le Code du patrimoine est-elle calculée comme une redevance d'utilisation privative du domaine public (Art. L. 621-42, alinéa 2 se référant significativement aux « avantages de toute nature procurés au titulaire de l'autorisation », caractéristiques des redevances pour utilisation privative du domaine public [v. Art. L. 2125-3 et L. 2125-10 CGPPP])[28] ; et ceci, alors que l'image des biens immobiliers du domaine public ne fait pas partie de ce dernier[29] (tandis que les prises de vue professionnelles d'éléments du domaine public mobilier sont assimilées à des utilisations privatives lorsqu'elles impliquent une soustraction au public[30]).

À l'inverse, les redevances perçues à raison des tournages audiovisuels dans les immeubles publics sont supposément des redevances pour service rendu (et non des redevances domaniales[31]), alors qu'elles correspondent à une occupation privative de biens publics, les prestations de services périphériques – quand elles existent – demeurant accessoires.

L'incohérence du législateur et du pouvoir réglementaire dans le maniement des qualifications du droit public financier emporte un effet de déstabilisation, au regard de l'insécurité juridique qui en découle dans la détermination des qualifications domaniales.

---

perçues à raison de l'usage de biens incorporels, qui sont établies suivant des « règles spéciales alignées sur le droit des redevances pour service rendu », P. Terneyre, « Les actifs immatériels des personnes publiques », *RJEP* 2013. Étude 16, § 41.

28. Pour la liste des domaines concernés et les conditions de fixation de la redevance, Art. R. 621-98 s. C. patr. (issus du Décr. mod. n° 2017-720, 2 mai 2017 [*JCP* A 2017. 2232, comm. François], pris en application de la loi LCAP n° 2016-925, 7 juill. 2016, art. 75 : Art. L. 621-34 s. C. patr.).

29. CE 13 avr. 2018, *Ét. public du domaine national de Chambord*, n° 397047, *AJCT* 2018. 463, obs. Dreyfus ; *AJDA* 2018. 1850, note Tarlet ; *BJCL* 2018. 290, obs. Fitzjean O Cobhthaigh ; *CMP* 2018. Chron. 7, obs. Soler-Couteaux, Zimmer et Waltuch ; *D.* 2018. 1051, note Bruguière ; *Dalloz IP/IT* 2018. 490, note Cornu ; *Dr. adm.* 2018, comm. 42, note Brenet ; *Dr. voirie* 2018. 92, note Rassafi-Guibal ; *Les grandes décisions du droit administratif des biens*, 4e éd., Paris, Dalloz, 2022, comm. 2 ; *JCP* A 2018. 2156, note Roux ; *JCP* 2018. 1060, note Hansen, 1560. Chron. Éveillard ; *LPA* 11 juin 2018, p. 6, note Chardeaux ; *RFDA* 2018. 461, note Foulquier.

30. CE 29 oct. 2012, *Cne de Tours*, *Lebon* 368 ; *AJDA* 2013. 111, note Foulquier ; *BJCL* 2013. 54, concl. Escaut ; *CCE* 2013. 7, note Bruguière ; *CMP* 2012, comm. 342, note Devillers ; *Dr. adm.* 2012, comm. 96, note Ziani ; *JCP* A 2012. 2390, note Carpi-Petit et 2391, note Vocanson ; *JCP* 2013. 277, chron. Éveillard ; *RJEP* 2013, comm. 14, note Ubaud-Bergeron ; *RLC* 2013, n° 2218, note Clamour. Sur les dix ans de cette jurisprudence, dossier *AJDA* 2023. 363 s.

31. Décr. n° 2009-151, 10 févr. 2009, relatif à la rémunération de certains services rendus par l'État consistant en une valorisation de son patrimoine immatériel (*AJDA* 2009. 696, comm. Dreyfus ; *Dr. adm.* 2009, comm. 52, obs. Malwé). V. de plus, L. n° 2009-431, 20 avr. 2009, art. 4 et Décr. n° 2009-157, 10 févr. 2009, art. 2. Significatif d'une telle « dé-domanialisation », l'article R. 3211-42 du CGPPP exclut – en bref – du champ dudit code ces prestations.

II. LES PROPRIÉTÉS PUBLIQUES INCORPORELLES : UN TRAITEMENT JURIDIQUE ADAPTÉ ?

La question des régimes de droit public applicables doit être abordée avec précaution, en raison du mutisme des textes, de la quasi-absence d'une jurisprudence réellement significative et des risques qu'il peut y avoir à plaquer trop mécaniquement des solutions dégagées à propos des biens corporels. Si la plupart des interrogations demeurent pour l'heure doctrinales, elles n'en méritent pas moins d'être considérées.

A. VIRTUALITÉS DU RÉGIME DE LA PROPRIÉTÉ PUBLIQUE

En l'état du droit, il semble qu'il n'y ait nul motif de ne pas appliquer aux actifs incorporels qui sont la propriété des personnes publiques deux corpus de principe relatifs à tous les biens publics (tant du domaine privé que du domaine public[32]).

1. Ne pas saisir

Le premier de ces principes statutaires est l'insaisissabilité des biens publics (Art. L. 2311-1 CGPPP), qui paraît devoir s'appliquer aux propriétés incorporelles[33]. Cela devrait interdire, comme c'est le cas (sauf loi contraire) à propos des biens corporels[34], le recours aux mécanismes de sûreté[35]. En revanche, ne sauraient être exclus les procédés de cession forcée qui ne constituent pas des mesures de saisie[36], ni les procédés officiellement qualifiés de saisies, mais ne se traduisant par nulle mesure de saisie[37].

---

32. « Protection des propriétés publiques – Régime général », *J.-Cl. Propriétés publiques*, fasc. 60.
33. C. Malwé, *La propriété publique incorporelle*, th. Nantes 2008, p. 342 s.
34. Pour un rappel, CAA Nantes, 16 oct. 2020, *Cne de La Trinité-sur-Mer*, req. n° 20NT00615, *CMP* 2021, comm. 318 et Chron. 7 ; *Dr. voirie* 2020, obs. p. 239 ; *JCP* A 2020, n° 45, obs. p. 3.
35. Par ex., s'agissant du nantissement du droit d'exploitation des logiciels : Art. L. 132-14 et R. 132-8 s. CPI. Pour un plan large, V. Pinto Hania, *Les biens immatériels saisis par le droit des sûretés réelles mobilières conventionnelles*, th. Paris-Est, 2011.
36. V., pour la procédure de retrait obligatoire prévue en cas d'offre publique de retrait (Art. L. 433-4, II C. mon. fin.) : Com. 21 janv. 2014, n° 12-29.475, *Dpt de Saône-et-Loire*, *AJDA* 2014, note p. 460 ; *BMIS* 2014. 229, obs. Delion et 235, obs. Moulin ; *CMP* 2015. Chron. 2, obs. Llorens et Soler-Couteaux ; *Dr. adm.* 2014, comm. 26, note Giacuzzo ; *JCP* 2014. 1558, chron. Éveillard.
37. À titre d'illustration, la procédure de saisie-contrefaçon, instituée pour protéger les titulaires de droits de propriété littéraire, artistique ou industrielle contre les actes de contrefaçon, n'implique aucune saisie des œuvres ou des biens litigieux (il s'agit d'un simple mode de preuve de la contrefaçon). C'est pourquoi elle est susceptible d'intéresser les biens des personnes publiques (sur la compétence juridictionnelle pour connaître d'une saisie-contrefaçon contre un établissement public, T. confl. 6 janv. 1975, *Ofrateme*, *Lebon* 790 ; *D.* 1975. 702, note Plouvin ; *JCP* 1976. II. 18283, note Moderne. Pour une saisie-contrefaçon

2. Ne pas brader

Le second principe statutaire de la propriété publique impose la protection de la valeur des biens appartenant aux personnes publiques. Il se traduit par l'interdiction de les céder ou de les louer sous leur valeur réelle – *i. e.* de marché –, sauf motifs d'intérêt général et contreparties suffisantes[38].

Aucun contentieux n'a encore donné au juge administratif l'occasion d'en assurer le respect à propos d'éléments incorporels figurant dans les patrimoines administratifs. On peut conjecturer qu'ayant à connaître par exemple de la légalité de l'attribution d'une licence ou d'une cession de marque dans des conditions financières préférentielles, celui-ci vérifierait le cas échéant la réalité des retombées invoquées pour l'amélioration de l'image ou le développement économique de la collectivité publique concernée[39].

B. IMPASSES DU RÉGIME DE LA DOMANIALITÉ PUBLIQUE

Les difficultés sont beaucoup plus considérables en ce qui concerne cette catégorie spécifique que représente le domaine public immatériel, à deux égards au moins.

1. Domaine public *vs* Domaine public

D'un point de vue général, la domanialité publique des éléments incorporels couverts par des droits de propriété intellectuelle soulève un problème insoluble. Le schéma de la propriété intellectuelle renvoie à une protection temporaire, au terme de laquelle l'exploitation devient libre de droits[40]. Le

concernant un mécanisme de manœuvre d'écluse appartenant à Voies navigables de France : Paris, 19 déc. 2012, *Sté Rouby*, RG n° 11/05092. Pour une autre, portant sur un système de contrôle des organes de freinage et des moteurs de secours de remontées mécaniques, TJ Paris, 8 mars 2024, *SA Société d'exploitation des téléphériques Tarentaise-Maurienne*, n° 16/13811).

38. CE 3 nov. 1997, *Cne de Fougerolles*, req. n° 169473, *Lebon* 391 ; *AJDA* 1997. 1010, note Richer ; *CJEG* 1998. 16, concl. Touvet ; *D.* 1998. 131, note Davignon ; *Les grandes décisions*..., *op. cit.*, comm. 96 ; *JCP* 1998. I. 165, n° 34, chron. Petit et II. 10007, note Piastra ; CE 28 sept. 2021, *CCAS de Pauillac*, req. n° 431625, *AJCT* 2022. 54, obs. Dreyfus ; *AJDA* 2021. 2579, chron. Glaser ; *CMP* 2021, comm. 354, note Soler-Couteaux ; *Dr. adm.* 2022, comm. 5, note Éveillard ; *Dr. voirie* 2022, n° 224, p. 16, note Roux ; *JCP* A 2021. 2349, note Chamard-Heim ; *RDI* 2021. 662, note Foulquier.

39. Songeons à la cession de la marque Vendôme par la commune éponyme à la société Louis Vuitton en 2021 pour 10 000 euros seulement, mais en contrepartie de la restauration d'un bâtiment classé et de la relocalisation de centaines d'emplois. En juillet 2022, l'INPI a toutefois fait droit à une demande en nullité de la marque introduite par des joailliers concurrents, ce qui devrait interdire à LVMH d'en faire usage dans la classe 14.

40. V. not., pour la propriété littéraire et artistique ainsi que la propriété industrielle : Art. L. 123-1, L. 211-4 et L. 611-2 CPI. Si une marque peut être renouvelée indéfiniment, la protection reste limitée dans le temps (dix ans) en l'absence d'une nouvelle manifestation de volonté.

droit domanial repose sur une protection *a priori* intemporelle (inaliénabilité et imprescriptibilité), qui ne peut être levée sans respecter une procédure spéciale[41]. C'est dire que le domaine public – au sens du droit administratif – ne saurait tomber automatiquement dans le domaine public (au sens du droit de la propriété intellectuelle). Il y a là une contradiction irréductible entre deux logiques de protection fondamentalement opposées.

2. Exclusivisme *vs* Partage

D'un point de vue particulier, il existe une difficulté concernant les formes d'exploitation en commun avec des partenaires. On pense à la pratique du *cobranding*[42] en droit des marques ou à la copropriété industrielle (à propos de laquelle législateur et pouvoir réglementaire ont aménagé un régime *ad hoc* pour les personnes publiques[43]).

Il faut rappeler qu'en l'état du droit, le Conseil d'État et le Tribunal des conflits refusent tout partage de la propriété des dépendances du domaine public[44]. En la supposant applicable aux propriétés publiques immatérielles, cette jurisprudence interdirait notamment aux concessionnaires de service public l'exploitation partagée de « marques de retour ».

Elle priverait également d'effet l'article L. 2112-1 du Code général de la propriété des personnes publiques (lequel prévoit la domanialité publique des meubles qui présentent un intérêt public du point de vue – entre autres – de la science ou de la technique), en imposant la domanialité privée lorsque des résultats de la recherche se trouvent en propriété partagée.

41. Art. L. 2141-1 CGPPP ; v. aussi Art. L. 546-1 s. C. patr. S'y ajoutent pour certains biens meubles des formalités éventuellement prévues par d'autres dispositions du Code du patrimoine.
42. Sur son utilisation par certains musées, Cour des comptes, *La valorisation internationale de l'ingénierie et des marques culturelles. Le cas des musées nationaux*, communication à la Commission des finances du Sénat, mai 2019, spéc. p. 64 s. ; B. Hasquenoph, « Le co-branding, nouveau filon des musées », *Le Quotidien de l'art*, 21 févr. 2020 ; M. Vazzoler, « Co-branding et stratégie de marque : où en sont les musées ? », *Le Quotidien de l'art*, 25 oct. 2021.
43. Art. L. 533-1 C. recherche (précisé par circ. MENESR n° 2016-111, 19 juill. 2016 ; et par Décr. n° 2020-24, 13 janv. 2020 [*Propr. intell.* 2021. Chron. 146]). Antérieurement, Décr. n° 2009-645, 9 juin 2009 (Art. R. 611-13 abrog. CPI : *AJDA* 2010. 2292, étude Fort et Robin ; *JCP* E 2009, n° 48, p. 13, comm. Lambert ; *RTD com.* 2010. 96, comm. Galloux).
44. CE 11 févr. 1994, *Cie d'assurances Préservatrice foncière*, req. n° 109564, *Lebon* 64 ; *AJDA* 1994. 548, note Dufau ; *CJEG* 1994. 197, chron. Sablière, concl. Toutée ; *D.* 1994. 493, note Davignon ; *Les grandes décisions…*, *op. cit.*, comm. 6 ; T. confl., 7 oct. 2024, *Synd. copropriétaires de la résidence Saint-Georges*, n° C4319, *Lebon* ; *AJDA* 2024. 1897, obs. Maupin ; *Rev. CMP* 2025, comm. 20, note Chamard-Heim ; *Dr. adm.* janv. 2025, p. 8, obs. Courrèges ; *Dr. voirie* 2024. 172, concl. Victor ; *JCP A* 2024, Act. 516, obs. Erstein ; *JCP A* 2025, 2003, note Fleury ; *JCP N* 2024, Act. 1190, obs. Erstein ; *Loyers Copr.* 2024, comm. 204, note Coutant-Lapalus ; *RDI* 2024. 637.

* * *

Formulons deux observations pour clore ce bref propos, touchant d'une part le droit des propriétés publiques incorporelles, d'autre part le « discours » sur ce droit.

En premier lieu, les limites du schéma domanial classique conduisent à imaginer d'autres voies pour la gestion des propriétés incorporelles des personnes publiques. L'hypothèse d'un « tiers domaine » a pu être envisagée, avec cette difficulté de savoir en quoi consisterait exactement son régime[45]. Et l'on peut s'interroger plus radicalement sur l'aptitude de la domanialité, quel qu'en soit le genre, à prendre en charge les enjeux de la valorisation et de la protection de l'incorporel public (cela posant la question de savoir si l'on a là vraiment affaire à des « biens publics comme les autres »).

En second lieu, il n'est pas interdit d'espérer une inflexion des réflexions doctrinales. Partant de l'approche qui domine depuis les années 2000 – une présentation générale et positiviste des propriétés publiques immatérielles –, deux pistes (apparemment opposées, mais nullement contradictoires) pourraient ainsi être suggérées :

- livrer des analyses à la fois plus fines (impliquant, en particulier, un effort typologique) et plus ciblées, de l'ordre de l'étude de cas ; cela, afin de sonder *in concreto* les pratiques (gestion des portefeuilles publics de marques, de brevets, etc.) des collectivités et des établissements les plus directement concernés. L'on manque encore de retours d'expérience, nécessaires pour jauger les actions menées ; or, l'ampleur de ces dernières atteste l'émergence d'une politique publique, qui appelle comme les autres une véritable évaluation[46] ;
- en contrepoint, réfléchir à des études plus théoriques, qui devraient conduire les publicistes non plus à imiter les privatistes, mais à s'exprimer en tant que tels (notamment, en connectant les interrogations qui touchent un éventuel « droit public de la propriété intellectuelle » à l'hypothèse d'un « droit privé administratif », telle qu'elle se vérifie en droit allemand) et à articuler un discours critique (*quid* de la pertinence d'une politique de marques appliquée à des services publics monopolistiques, voire souverains ? De l'utilisation des marques comme « outil GRH » dans la fonction publique ? Etc.).

Si la maîtrise technique du droit de la propriété intellectuelle est bien sûr indispensable, elle doit être impérativement complétée dans la sphère

45. V., P.-A. Blanchet, *La valorisation du patrimoine immatériel des personnes publiques*, Paris, L'Harmattan, 2020.
46. La mesure de ses retombées étant complexe, car elle devrait dépasser les chiffres pour en intégrer l'impact sur les valeurs du service public.

publique par un examen des systèmes de représentation et des ressorts idéologiques à l'œuvre aussi bien dans le marketing public que dans le management administratif. La compréhension profonde de cette matière impose donc un sérieux « pas de côté » vers les sciences sociales (de gestion et de la communication, mais également administrative et politique), dont les questionnements saturent en vérité un objet d'études à la croisée des disciplines.

Propriété intellectuelle publique et intérêt culturel

MARIE CORNU

Directrice de recherches au CNRS, ENS Paris-Saclay, Université Paris-Saclay

En quoi le droit public mû par le ressort de l'intérêt culturel interfère-t-il sur la mécanique d'attribution, de distribution et d'exercice des droits d'auteur, en particulier lorsque ces droits bénéficient à une personne publique et donc la soumettent à des impératifs d'ordre culturel ? Quelques précisions sur cette notion d'intérêt culturel. Dans une approche ouverte, elle peut être comprise comme renvoyant à toute forme d'intérêt juridiquement protégé au nom d'un motif d'ordre culturel, affirmé comme tel par les textes notamment. Au début du xxe siècle, la beauté des monuments est érigée en cause d'utilité publique, tant par le droit des monuments historiques que par le droit de l'urbanisme – on protège les perspectives monumentales, c'est le fameux arrêt « Gomel[1] » – ou encore le droit des monuments et sites naturels. Comme le rappelle Émilie Terrier, « s'il existe un domaine où la conservation est très clairement apparue comme d'intérêt public, c'est bien celui du patrimoine[2] ». Citant notamment les belles pages de Saleilles sur ce thème, elle précise plus loin que « dès le début des délibérations sur le projet de loi de 1887, qui est la première loi sur les MH, il est affirmé que c'est bien l'intérêt supérieur de l'art qui dicte la nécessité de conserver les monuments ». Il s'agit alors avant tout de préserver leur matérialité, leur intégrité – sont classés les monuments dont la conservation présente un intérêt public – mais se pose aussi la question de leur image et de sa protection par le droit public. Il faut en réalité attendre la loi du 7 juillet 2016 sur la liberté de création, l'architecture et le patrimoine (dite loi LCAP) pour que soit spécifiquement consacré un droit à l'image sur des biens symboliques, les domaines nationaux, et la règle enrichit le corpus du droit du patrimoine sur ce

1. Élevé par la doctrine au rang de grand arrêt, seul arrêt concernant la protection du patrimoine identifié dans le *GAJA*.
2. Sur cet équilibre et ces questions complexes d'articulation entre droit privé et droit public, v. la belle thèse d'E. Terrier, *Vers une nouvelle figure du droit d'auteur. L'affirmation d'une logique publique culturelle*, Larcier-Intersentia, 2021.

versant de l'intangible[3]. Le Conseil constitutionnel, saisi d'une QPC, a décidé qu'« en adoptant les dispositions contestées, le législateur a entendu protéger l'image des domaines nationaux afin d'éviter qu'il soit porté atteinte au caractère de biens présentant un lien exceptionnel avec l'histoire de la Nation et détenus, au moins partiellement, par l'État. Il a également entendu permettre la valorisation économique du patrimoine que constituent ces domaines nationaux. Le législateur a ainsi poursuivi des objectifs d'intérêt général[4] ».

Comment et dans quels termes s'opère la rencontre entre cet intérêt général multiforme porté d'un côté par le droit public, et de l'autre par le droit d'auteur, autre expression de protection d'un intérêt culturel, cette fois-ci organisé en bonne partie à des fins privatives et sur le terrain du droit privé ? Il s'agit de prendre la mesure de ces droits qui dérivent de la propriété intellectuelle, plus spécialement les droits de l'auteur. La question ne se résume pas à cet affrontement entre logiques publique et privée, d'abord parce que la personne publique détient elle-même ces droits, à titre originaire ou dérivé, mais aussi, plus fondamentalement, parce que la propriété littéraire et artistique n'est pas réductible à un mécanisme d'allocation de droits exclusifs sur la tête de l'auteur ou des tiers titulaires de droits. Elle n'est pas tout entière contenue dans ce versant de la propriété privative. Cette vision, portée en substance par le droit de l'Union européenne, pourrait faire oublier que la propriété intellectuelle est un écosystème bien plus complexe dans lequel se côtoient les droits d'auteur, les droits voisins, certes, mais aussi les droits des usagers, les droits du public, plus généralement les droits de la société, ce que défendait Jean Zay. Ceux-ci s'expriment au travers des exceptions mais aussi de la figure du domaine public, peu outillée juridiquement il est vrai, mais qui n'en a pas moins une réalité, qui n'en est pas moins une composante à part entière de cette propriété d'un genre spécial. Le législateur révolutionnaire parlait de la propriété du public. La formule était sans doute plus symbolique que juridique, mais elle signifiait que la propriété intellectuelle est faite de tous ces intérêts juridiquement protégés. C'est sous cette perspective que j'entends explorer la rencontre entre intérêt culturel et propriété intellectuelle publique. Quels sont ces droits ou intérêts potentiellement aménagés, entamés, parfois neutralisés en raison d'un intérêt culturel ? À quel moment et dans quelle mesure le droit public vient-il troubler la jouissance de ces droits ? Comment tout cela s'organise-t-il dans le champ de la propriété intellectuelle publique ?

Comme pour tout autre détenteur de droits, les droits d'auteur de la personne publique sont bordés par l'intérêt culturel public. Première proposition, mais, deuxième proposition, plus que tout autre détenteur de droits, la collectivité publique, dans l'exercice de cette propriété de l'immatériel, doit intégrer l'impératif culturel ou, encore plus justement, cette propriété est-elle façonnée de l'intérieur par

3. Art. L. 621-42 C. patr.
4. Décis. n° 2017-687 QPC du 2 févr. 2018.

cet impératif culturel, et ce dans des termes propres. On peut avancer que la propriété publique sur les œuvres est une propriété d'un genre spécial, d'abord parce que la personne publique est un usager spécial de la propriété intellectuelle dans l'exercice de ses missions culturelles, mais encore parce qu'il est un titulaire spécial. Ce sont ces deux chemins que je voudrais emprunter ici.

I. LA PERSONNE PUBLIQUE, USAGER SPÉCIAL

Sont de ces usagers spéciaux un certain nombre d'institutions qui sont au contact des œuvres et dont les missions emportent des actes qui pourraient être considérés comme attentatoires au droit des auteurs. Les bibliothèques, services d'archives, musées ont dans le bouquet de leurs fonctions classiques celles de collecter, de conserver, de mettre à disposition des contenus, de rendre accessible au plus grand nombre, c'est la formule contenue dans le décret institutif du ministère de la Culture en 1959. Et c'est bien en contemplation de cette fonction majeure de conservation et de transmission que sont organisées des franchises.

Au soutien de cette mission cardinale de conservation et d'accès au patrimoine, le législateur ménage au profit des personnes publiques une forme de droit d'usage qu'on retrouve dans un certain nombre de dispositifs, dans et hors droit d'auteur.

De l'intérieur, on a vu depuis les années 2000 paraître ce personnage de la personne publique qui, considéré dans ses missions culturelles et patrimoniales, bénéficie de droits d'usage des œuvres en tant précisément qu'il poursuit un certain type de missions. En particulier, les missions de conservation et d'accès nécessitent parfois des actes de reproduction, lorsque par exemple des œuvres sont endommagées ou fragiles. Le législateur a dans un premier temps identifié certains services culturels : archives, bibliothèques, musées, on retrouve cette trilogie dans plusieurs textes européens. La directive du 22 mai 2001 a introduit la possibilité pour les États de prévoir des exceptions ou limitations « lorsqu'il s'agit d'actes de reproduction spécifiques effectués par des bibliothèques accessibles au public, des établissements d'enseignement ou des musées ou par des archives, qui ne recherchent aucun avantage commercial ou économique direct ou indirect[5] ». En droit français l'exception a pris place avec la loi DADVSI du 1er août 2006, à l'article L. 122-5 8° :

> « La reproduction d'une œuvre et sa représentation effectuées à des fins de conservation ou destinées à préserver les conditions de sa consultation à des fins de recherche ou d'études privées par des particuliers, dans les locaux

5. Dir. CE n° 2001/29 du Parlement européen et du Conseil du 22 mai 2001 sur l'harmonisation de certains aspects du droit d'auteur et des droits voisins dans la société de l'information, art. 5.2 (c).

> de l'établissement et sur des terminaux dédiés par des bibliothèques accessibles au public, par des musées ou par des services d'archives, sous réserve que ceux-ci ne recherchent aucun avantage économique ou commercial[6]. »

Cet usage autorisé dicté par des impératifs de conservation a rejoint le chapelet des autres exceptions ou limitations au droit d'auteur davantage postées du côté de l'intérêt de l'utilisateur privé, le public en somme.

Plus récemment, le législateur européen a introduit une nouvelle catégorie d'usagers publics, celle d'institutions du patrimoine culturel. Où on voit beaucoup plus nettement que la mission de conservation pénètre la matière et partant la nécessité de doter les institutions du patrimoine culturel de droits spéciaux. Ces institutions sont présentes dans 23 considérants de la directive du 17 avril 2019[7]. La mission de conservation y est explicitement énoncée comme mission d'intérêt général et celle-ci commande d'adopter un certain nombre d'exceptions au droit d'auteur. Cette nouvelle catégorie est au cœur de plusieurs des exceptions prévues par le texte : reproduction à des fins de conservation, fouille de texte, reproduction, représentation, mise à disposition des œuvres indisponibles, prêt dans les bibliothèques, exclusion du droit de location. Le considérant 25 dispose notamment que « les institutions du patrimoine culturel œuvrent à la conservation de leurs collections pour les générations futures ». Un des articles a pour titre : *Conservation du patrimoine.* On voit bien de quelle façon l'intérêt public culturel a pénétré le corpus du droit d'auteur et introduit cette catégorie hors-série de l'institution patrimoniale.

C'est aussi, dans un arrêt récent, cette fonction de conservation et d'exploitation des archives audiovisuelles qui prend le pas à propos des fonds de l'INA et de l'exploitation de vidéogrammes et de phonogrammes sans l'autorisation des artistes interprètes. Les premiers juges avaient considéré que

> « la mission de conservation et d'exploitation des archives audiovisuelles conférée à l'INA par le législateur n'exonérait pas ce dernier du respect des droits des artistes-interprètes, retenant que la dérogation prévue par l'article 44 de la loi du 1er août 2006 ne trouve à s'appliquer que pour autant que l'artiste-interprète a autorisé la fixation et la première destination de son interprétation, auquel cas l'INA peut s'affranchir de solliciter son autorisation ou celle de ses ayants droit pour une nouvelle utilisation de sa prestation ».

Mais l'arrêt est cassé :

> « En subordonnant l'applicabilité du régime dérogatoire institué au profit de l'INA à la preuve de l'autorisation par l'artiste-interprète de la première

6. L. n° 2006-961 du 1er août 2006 relative au droit d'auteur et aux droits voisins dans la société de l'information, exception codifiée à l'art. L. 122-5, 8° CPI.
7. Dir. UE n° 2019/790 du Parlement européen et du Conseil du 17 avr. 2019 sur le droit d'auteur et les droits voisins dans le marché unique numérique et modifiant les dir. CE n° 96/9 et 2001/29.

exploitation de sa prestation, la cour d'appel, qui a ajouté à la loi une condition qu'elle ne comporte pas, a violé le texte susvisé[8]. »

La nécessité d'accéder à certaines ressources fait reculer les frontières du droit d'auteur, entame dans une certaine mesure les prérogatives de l'auteur, qu'il soit privé ou public. L'intérêt public culturel a pénétré le corpus des règles attachées à la protection des œuvres de l'esprit, sachant que c'est aussi de l'extérieur que viennent ces limitations, en particulier du Code du patrimoine.

De l'extérieur, dans deux exemples emblématiques, se confirme cette idée que la personne publique est un usager spécial. La fonction du « porter à connaissance » d'éléments du patrimoine culturel y est fondamentale et, dans ces deux domaines, le législateur accorde à nouveau un droit d'utilisation au profit de la collectivité publique.

C'est le cas de l'Inventaire général du patrimoine culturel, dit « inventaire des richesses matérielles de la France » à sa création en 1964, par les deux André, André Malraux et André Chastel, historien d'art, auteur de très nombreuses publications dont un joli petit ouvrage sur la notion de patrimoine qu'il cosigne avec Jean-Pierre Babelon, autre historien. La loi n° 2004-809 du 13 août 2004 relative aux libertés et responsabilités locales, qui décentralise l'Inventaire en Région, en rappelle les trois maîtres mots qui déjà le définissaient à sa genèse : l'Inventaire « recense, étudie et fait connaître les éléments du patrimoine qui présentent un intérêt culturel, historique ou scientifique[9] ». Et ces trois activités de l'identification, de l'étude et du faire connaître sont productrices d'œuvres, de photographies, de monographies, etc. L'article 95 de la loi de 2004 porte le titre de patrimoine, mais la disposition n'a pas été codifiée. Cet article dispose que :

> « Les droits d'exploitation des données de l'inventaire protégées au titre de la propriété littéraire et artistique sont cédés gratuitement à la personne publique ou privée assurant les opérations d'inventaire, exclusivement pour la constitution de celui-ci et pour sa mise à disposition du public lorsqu'elle est effectuée à titre gratuit, ainsi qu'au département, à la région et à l'État pour le même usage et aux mêmes conditions. »

L'exemple des données issues des opérations d'archéologie préventive est tout aussi intéressant sous ce rapport des droits d'usage de la personne publique. Il y a quelques décennies, dans le courant des années 1990, s'est tenu un débat sur la qualification des rapports de fouilles produits par des chercheurs, en l'occurrence fonctionnaires publics, qui faisaient valoir leur droit moral de divulgation et de non-divulgation pour contrer les demandes de publicisation et plus alors de remise de ces rapports. On avait alors considéré que ces rapports constituaient des documents administratifs, partant de

8. Civ. 1re, 14 oct. 2015, n° 14-19.917.
9. Art. 95-1, loi du 13 août 2004.

là, librement accessibles et communicables. Le Code du patrimoine reprend l'idée en matière de fouilles préventives. L'auteur du rapport d'opération ne peut s'opposer à son utilisation par l'État, par l'établissement public INRAP, par les services d'archéologie territoriale, lorsque cette utilisation se réalise à des fins d'étude et de diffusion scientifiques, à l'exclusion de toute exploitation commerciale. Ce rapport d'opération est communicable, nous dit-on, selon les règles applicables aux documents administratifs. Pourquoi cette franchise en archéologie ? Il y a des raisons bien particulières de cet encadrement de l'exploitation de la donnée, de cette instauration d'une servitude d'usage. L'archéologue, au fur et à mesure de son travail, détruit son terrain, détruit le matériau à partir duquel il produit de la connaissance, d'où l'importance d'en libérer l'accès et l'utilisation, puisqu'on ne peut plus accéder à ce terrain qu'en passant par les données qui en auront été extraites. Voilà qui justifie un statut propre à la donnée archéologique.

Qu'ont de commun ces multiples occurrences du droit d'usage ? Le premier trait partagé est la finalité, exclusivement pensée au service de l'intérêt culturel inscrit dans le cadre des missions de service public. Le deuxième trait commun est la non-commercialité de ces usages. L'exploitation commerciale rebascule le système vers le droit commun. Dans la consolidation de cet usage public, de ce droit d'usage, se dévoile l'une des dimensions sociales de la propriété intellectuelle, qui se nourrit avant tout de ce double impératif culturel de la conservation du patrimoine et de sa mise à disposition. Pour consolider cet acte de conserver, on institue des exceptions en faveur des institutions patrimoniales qui gèrent des collections, dont des originaux, donc des choses fragiles qui doivent pourtant demeurer. S'agissant du « faire connaître », c'est le projet de l'inventaire et de l'archéologie. Les ressorts en sont nombreux, on le voit, et la tendance aujourd'hui est plutôt au renforcement de ces servitudes d'utilité publique sur les productions de l'esprit dont la diffusion est incontestablement d'intérêt public.

La personne publique est un usager spécial, elle est aussi un titulaire spécial, considérée comme individu, comme auteur à titre originaire ou à titre dérivé en qualité de cessionnaire de droits. La fonction sociale de la propriété intellectuelle publique sous ce registre de l'intérêt culturel se manifeste encore lorsque la personne publique détient des droits sur les œuvres de l'esprit.

II. LA PERSONNE PUBLIQUE, TITULAIRE SPÉCIAL

À titre originaire, les agents publics ont été reconnus comme auteurs par la loi dite « DADVSI » adoptée en 2006[10]. Le droit d'auteur des fonctionnaires, pris

---

10. L. n° 2006-961 du 1er août 2006 relative au droit d'auteur et aux droits voisins dans la société de l'information.

en tant qu'individus créateurs, a par conséquent aujourd'hui une assise légale, là où, auparavant, le service public absorbait ces droits. Le Conseil d'État dans son fameux avis *OFRATEME* du 21 novembre 1972, estimait que ce n'est pas l'agent mais l'administration qui détient les droits de l'œuvre « dont la création fait l'objet même du service » et jouit ainsi du droit moral et des droits patrimoniaux attachés à cette qualité :

> « Par l'acceptation de leur fonction, les fonctionnaires et les agents de droit public [...] ont mis leur activité créatrice avec les droits qui peuvent en découler, à la disposition du service [...] ils ont mis à la disposition du service leurs facultés créatrices avec l'abandon de leur droit d'auteur [...]. »

La loi DADVSI prend à contrepied ce système d'allocation de droits à la personne publique. Dorénavant, les fonctionnaires jouissent de droits sur les œuvres qu'ils ont créées y compris dans le cadre de leurs fonctions. Même si cette reconnaissance concerne tout agent public, les nécessités du service font que l'exercice des droits moraux et des droits patrimoniaux varie selon le degré de dépendance à l'autorité hiérarchique de l'auteur-fonctionnaire. Sans entrer dans les méandres d'un système peu ergonomique[11], on observe que l'institution publique sera tantôt investie de droits à titre originaire, tantôt titulaire de droits dérivés au service de l'intérêt culturel. Et que cette logique d'attribution touche à des facultés créatrices qui s'exercent en bonne part en milieu culturel : le travail des conservateurs, par exemple, qui produisent un discours sur les œuvres. Les institutions patrimoniales seront potentiellement attributaires de droits distincts des droits individuels et, à nouveau, l'intérêt culturel public peut venir troubler la jouissance de ces droits privatifs. Le statut des archives publiques est emblématique de ce point de vue (livre 2 du Code du patrimoine), documents reçus ou produits par la personne publique au sens du livre 2 du Code du patrimoine dont l'économie doit être comprise en lien étroit avec une autre source, le Code des relations entre le public et l'administration (CRPA), qui institue un droit des documents administratifs. Il faut comprendre dans quels termes dialoguent ces deux sources avant de nous intéresser plus spécialement aux interférences entre ces ressorts de droit public et le droit de la propriété intellectuelle.

L'administration productrice et réceptrice de documents – Ces deux sources traitent des archives publiques, le Code du patrimoine des archives publiques en général, le CRPA d'une catégorie particulière de ces archives. Il n'est pas inintéressant de revenir à la genèse de ces deux dispositifs. Dans ce tournant des années 1980, c'est le moment où l'information devient une catégorie d'action publique[12]. Plus spécialement, l'information publique trouve une tra-

11. Sur cette mise en place très alambiquée, M. Cornu, « Droits d'auteurs des fonctionnaires : le périmètre contenu de l'exception de service public », *D.* 2006. 2185-2188.
12. Sur ce moment et en particulier l'adoption de la loi du 3 janv. 1979 sur les archives publiques, M. Cornu, C. Nougaret, Y. Potin, B. Ricard et N. Wagener.(dir.), *1979. Genèse d'une loi sur les archives*, Paris, Doc. fr., coll. « Travaux et documents », 2019, 731 p.

duction juridique. La période est à la transparence administrative, à la traque du secret abusif des affaires publiques et à la délégitimation du secret administratif. Les archives publiques constituent l'ensemble des traces de l'action publique, la mémoire de l'État dans toutes ses configurations. Ce sont tous les documents qui procèdent de son activité, documents produits ou reçus qu'il conserve sur sa tête. Plus spécialement, les documents administratifs concernent un certain contingent d'archives publiques. Ils ne reçoivent pas véritablement de définition légale mais, à l'origine, ils désignent des documents qui matérialisent la décision publique et sur lesquels le citoyen a un droit de demander des comptes à l'administration. C'est tout l'esprit du texte. On aperçoit ce périmètre à l'énumération qui en est donnée dans la loi de 1978, à la fois les documents qui sont censés relever de ce cercle et ceux qui en sont exclus.

> « Sont considérés comme documents administratifs au sens du présent titre tous dossiers, rapports, études, comptes rendus, procès-verbaux, statistiques, directives, instructions, circulaires, notes et réponses ministérielles qui comportent une interprétation du droit positif ou une description des procédures administratives, avis, à l'exception des avis du Conseil d'État et des tribunaux administratifs, prévisions et décisions revêtant la forme d'écrits, d'enregistrements sonores ou visuels, de traitements automatisés d'informations non nominatives[13]. »

La protection de la donnée privée entre en ligne de compte dans cet arbitrage.

Il s'agit avant tout des documents qui disent des choses de la façon dont l'administration interprète et applique le droit, institue et met en œuvre des procédures, qui disent des choses des modalités selon lesquelles nos gouvernants conduisent l'action publique, déploient des politiques publiques. Ce sont ces traces laissées par la personne publique qui intéressent le citoyen. Le droit impose sur cette masse documentaire d'un genre particulier une double modalité d'accès : le droit de voir et le droit de communication entendu comme le droit d'avoir communication du document, sur divers supports (papier, électronique). C'est là que s'exprime le droit de demander des comptes.

Au départ, on voit bien quelle est l'assiette de ce droit fondamental et ainsi le périmètre des documents visés. Mais il évolue avec l'accrochage du wagon supplémentaire de la réutilisation des documents issu du droit de l'Union européenne. Jusqu'alors, le droit des documents administratifs était exclusivement situé sur le segment de l'accès et de la communication du document public. Le droit de réutilisation en est un autre. C'est le droit d'exploiter, avec, en arrière-plan, l'idée de développer un marché sur cette manne publique, de

13. Art. 1er, L. n° 78-753 du 17 juill. 1978 portant diverses mesures d'amélioration des relations entre l'administration et le public et diverses dispositions d'ordre administratif, social et fiscal (1).

permettre notamment à des entrepreneurs de créer des produits conçus à partir de la donnée publique. Le législateur revient alors sur la définition des documents donnant prise à ce nouveau droit qu'on aligne sur celle des archives publiques. Et cet arrimage a pour effet de remodeler les frontières de ce périmètre, d'éloigner le dispositif de sa vocation originaire. En particulier, vont être compris dans ce cercle des documents administratifs les fonds numérisés des collections publiques, qui, si on revient à l'esprit du texte de 1978, ne devraient pas être considérés comme tels. Mais le régime de la réutilisation les désigne explicitement. Ils vont par conséquent abonder la notion de documents administratifs. Et parce qu'on entre dans la question par le régime, on oublie l'ordre du raisonnement[14]. En bonne logique, il conviendrait de partir de cette catégorie d'archives publiques pour en déterminer le régime : parce qu'on est en présence de documents administratifs, alors cette qualification emporte des conséquences juridiques. Mais ce n'est pas ainsi qu'on raisonne. L'accrochage du mécanisme de réutilisation au droit des documents administratifs est une stratégie opportuniste non maîtrisée qui, du même coup, brouille singulièrement la question de l'accès et de la communication, et d'une façon beaucoup plus préoccupante le rapport au droit des auteurs.

Les points d'impact avec le droit d'auteur – Le droit des documents administratifs instaure un droit d'accès et un droit de communication, qui vise l'acte de communiquer le document à celui qui en fait la demande. Le point d'impact avec le droit d'auteur est doublement dans cet acte de rendre accessible et dans la communication du document. Le premier met potentiellement en jeu l'une des prérogatives majeures de l'auteur : le droit de divulgation, droit cardinal dans le système à la française de décider de mettre l'œuvre dans l'espace public. Le second agit sur le droit de contrôler, d'autoriser ou d'interdire toute reproduction de l'œuvre. Comment satisfaire cet intérêt public de l'accès à des archives, qui bien que publiques, donnent prise à des droits d'auteur ? La loi du 3 janvier 1979 ne disait rien de cet arbitrage et on pouvait comprendre que ce segment de l'accès et de la communication du document se trouvait neutralisé par la cause publique. Le droit des documents administratifs avait au contraire évoqué la question du droit d'auteur, mais la formule du législateur n'était pas d'une grande clarté. L'article 10 de la loi du 17 juillet 1978 disposait :

> « Les documents administratifs sont communiqués sous réserve des droits de propriété littéraire et artistique. L'exercice du droit à la communication institué par le présent titre exclut, pour ses bénéficiaires ou pour les tiers, la possibilité de reproduire, de diffuser ou d'utiliser à des fins commerciales les documents communiqués. »

---

14. Sur ce phénomène d'inversion et d'instabilité de la définition des archives publiques, v. N. Wagener, « Le régime juridique des archives publiques », in *1979, Genèse d'une loi sur les archives*, *op. cit.*, p. 361.

Depuis son adoption et jusqu'à une époque récente, on a pu raisonnablement déduire de l'esprit de la loi de 1978 que les droits d'accès et de communication neutralisent les droits des auteurs, toute autre forme d'exploitation, de reproduction, de diffusion, d'utilisation à des fins commerciales restant soumise à l'autorité de l'auteur. Mais la formulation a changé à la faveur de la codification, par un effet de simplification du droit dont on ne mesure guère les conséquences parfois désastreuses. Le texte a été soulagé de l'explication selon laquelle les utilisateurs ne disposent pas du droit de reproduction ou de diffusion, ce qui sous-entendait qu'ils pouvaient librement accéder à cette ressource publique et en obtenir communication, sphère de libre parcours constitutionnellement garantie[15].

En ce qui concerne les archives publiques, qui sont définies plus largement comme tout document procédant de l'activité publique, documents produits ou reçus qu'une entité publique conserve à l'occasion de son activité, le régime d'accès et de communication est calé sur celui des documents administratifs. Le Code du patrimoine opère un renvoi vers le CRPA qui concerne cette double dimension de l'accès et de la communication des documents. Au sens de l'article L. 213-1 du Code du patrimoine :

> « Les archives publiques sont, sous réserve des dispositions de l'article L. 213-2, communicables de plein droit. L'accès à ces archives s'exerce dans les conditions définies pour les documents administratifs à l'article L. 311-9 du Code des relations entre le public et l'administration. »

On peut alors en bonne logique penser que la mise en place doit être la même dans l'arbitrage entre intérêt public d'accès communication et prérogatives des auteurs.

Le compromis évoqué plus haut a pourtant été perturbé par un arrêt du Conseil d'État en 2017. Il est question de la communication de supports d'enseignement délivrés dans le cadre de l'École nationale de la magistrature (ENM) sur le fondement de leur qualification de documents administratifs. Cette qualification n'est pas discutée. Ce qui l'est, c'est le fait qu'ils donnent prise à des droits d'auteur et surtout que ces droits en verrouillent l'accès. Le juge considère que seuls les documents divulgués sont de libre accès et de libre communication : aux termes de l'article 9 de la loi du 17 juillet 1978, désormais repris à l'article L. 311-4 du Code des relations entre le public et l'administration :

> « Les documents administratifs sont communiqués sous réserve des droits de propriété littéraire et artistique. Ces dispositions impliquent, avant de

15. Le Conseil constitutionnel a reconnu le droit de la société de demander des comptes à tout agent public de son administration tel qu'il apparaît à l'art. 15 de la DDHC de 1789, comme comptant parmi les droits et libertés garantis par la Constitution en le reliant au droit d'accès aux archives, décis. n° 2017-655 QPC du 15 sept. 2017. Pour une analyse de ce droit, N. Thiébaut, v° « Archives publiques », *in* M. Cornu, F. Orsi, J. Rochfeld (dir.), *Dictionnaire des biens communs*, 2e éd., Paris, PUF, 2021.

procéder à la communication de supports d'enseignement n'ayant pas déjà fait l'objet d'une divulgation, au sens de l'article L. 121-2 du Code de la propriété intellectuelle, de recueillir l'accord de leur auteur[16] ».

Mais cette analyse est tout à fait problématique si l'on revient à la *ratio legis* du droit des documents administratifs. C'est précisément pour les documents qui n'ont pas été divulgués, dont la destination première n'est pas d'être divulguée, que le droit d'accès et de communication trouve sa justification. C'est si vrai que l'article L. 311-2 nous indique que « le droit à communication ne s'exerce plus lorsque les documents font l'objet d'une diffusion publique ». Ils sont dans l'espace public. Par conséquent, ce droit n'a plus lieu d'être. On voit à quel point on a perdu de vue l'esprit du système.

Une autre affaire est symptomatique de ce brouillage et montre à quel point les droits d'auteur reprennent en puissance dans cet arbitrage. S'y dilue la notion de document administratif. Cette affaire concerne cette fois-ci les moulages du musée Rodin. Faisant suite à sa demande de conseil, la Commission d'accès aux documents administratifs répond au musée Rodin le 7 février 2019 : en substance, ces données 3D sont bien des documents administratifs et « la qualité d'ayant droit de Rodin, chargé de faire respecter le droit moral du sculpteur est [...] insusceptible de fonder un refus de communication[17] ». Faut-il en déduire que l'existence de droits patrimoniaux pourrait justifier un refus de communication ? On est à nouveau sur cette idée que la logique propriétaire prime sur l'intérêt public et c'est bien parce qu'on a attrait les images et reproductions d'œuvres vers cette qualification de document administratif que la problématique des droits d'auteur s'invite dans des termes tout à fait inédits, déstabilisant en profondeur l'économie du système d'accès à l'information publique. Le wagon de la réutilisation devient locomotive dans le droit des documents administratifs. Et, par contamination, le droit des archives publiques se trouve aussi embarqué dans cette nouvelle configuration[18]. Les archivistes qui détiennent de nombreux documents non divulgués vont-ils devoir refermer des cartons jusque-là accessibles et communicables ? Sans compter qu'ils devront affronter cette notion flottante et peu consensuelle de divulgation.

Alors même que le droit d'usage public à des fins culturelles évolue vers une plus grande ouverture des œuvres, que la cause de l'*Open Data* progresse, d'une façon quelque peu paradoxale, le modèle privatiste de la propriété intellectuelle publique, au travers de ces exemples, sauf quelques exceptions et effets d'annonce, semble bien gagner en puissance.

16. CE, 10e-9e ch. réun., 8 nov. 2017, req. n° 375704, *Lebon*.
17. Conseil 20190026.
18. La CADA semble bien avoir suivi cette doctrine. Ne devrait-elle pas résister face à cette mécompréhension du droit des archives publiques ?

TITRE 2

Propriété intellectuelle et recherche

La propriété intellectuelle des chercheurs[1]

ALEXANDRE DELMOTTE
Maître de conférences à l'Université Grenoble Alpes

1. Que pouvait-on espérer de mieux comme thème d'intervention à un colloque du CUERPI que « La propriété intellectuelle des chercheurs » ? C'est, en somme, un peu de nous que je suis venu vous parler. Encore que... Il faut se rendre à l'évidence : si la propriété intellectuelle n'est pas l'apanage des chercheurs ou des universitaires en droit, comme en témoigne l'auditoire de cette journée, tous les chercheurs publics n'ont pas non plus le même rapport à la propriété intellectuelle que nous. En effet, il ne s'agit pas de leur objet d'étude. En réalité, à bien y regarder, la plupart des chercheurs n'ont, à l'égard de la propriété intellectuelle, qu'un rapport beaucoup plus utilitariste et ne s'y trouvent confrontés – car c'est encore bien souvent d'une confrontation qu'il s'agit – qu'à travers la réalisation de leurs missions d'agent public.

2. Lorsque l'on évoque la propriété intellectuelle des chercheurs, on pense bien évidemment en premier lieu à la question de la titularité des droits sur les résultats de leurs recherches. Si les chercheurs, agents publics, se trouvent dans une situation nécessairement spécifique en raison de l'intérêt général qui irrigue l'ensemble de leurs missions, ils sont également dans une situation différente de la plupart des agents publics en raison de la grande autonomie dont ils disposent dans l'exercice de leur fonction, ce qui, on va le voir, a des conséquences sur la dévolution des droits de propriété intellectuelle. Cela étant, n'envisager la question de la propriété intellectuelle des chercheurs qu'à travers la titularité des droits générés dans l'exercice de leurs missions serait à la fois incomplet et décevant.

Incomplet, d'une part, car cela ne permettrait pas de révéler l'ensemble des turbulences auxquelles le droit public soumet la propriété intellectuelle dans le domaine de la recherche, ni d'ailleurs le mouvement qui les imprègne. Nous verrons en effet que les turbulences qui ont un temps secoué la propriété

1. La forme orale de cette présentation a été conservée.

intellectuelle concernant la titularité des droits se sont aujourd'hui déplacées vers les missions des chercheurs.

Décevant, d'autre part, car cela ne permettrait pas de montrer que, si ces turbulences sont parfois violentes, des perspectives d'amélioration existent. La propriété intellectuelle semble en mesure d'offrir un certain nombre de solutions aux problématiques qui se présentent. L'organisation du libre accès aux résultats et l'évolution du droit des brevets pour améliorer la temporalité des missions du chercheur seront ici source d'optimisme. Dans cette météo perturbée, il serait dommage de rater les éclaircies.

Si notre survol de la propriété intellectuelle des chercheurs débute en zone de turbulences (**I**), l'arrivée se fera avec des perspectives d'embellie (**II**).

I. LES ZONES DE TURBULENCES TRAVERSÉES PAR LA PROPRIÉTÉ INTELLECTUELLE

3. Sous l'influence d'une perturbation nommée droit public, la propriété intellectuelle est entrée dans une zone de turbulences, parfois violentes. S'il a d'abord balayé le statut du chercheur agent public, le front tempétueux s'est déplacé et fait sentir ses effets sur les missions de la recherche publique. Les turbulences générées par le statut des chercheurs (**A**) laissent désormais place à des turbulences générées par leurs missions (**B**).

A. LES TURBULENCES GÉNÉRÉES PAR LE STATUT DES CHERCHEURS

4. Nous commençons notre voyage au cœur des turbulences générées sur le statut des chercheurs. En embarquant dans la DeLorean d'un célèbre chercheur hollywoodien[2] pour un très rapide voyage dans le temps, on s'apercevra bien vite que les turbulences que le statut du chercheur agent public impose aux règles du droit de la propriété intellectuelle ne sont pas nouvelles.

Si la situation des inventions des chercheurs publics est réglée par la loi sur le brevet d'invention, calquant le régime des inventions des agents publics de l'État – et désormais celles du stagiaire[3] – sur celui des salariés[4], la question

2. R. Zemeckis, *Back to the Future*, 1985.
3. Ord. n° 2021-1658 du 15 déc. 2021 relative à la dévolution des droits de propriété intellectuelle sur les actifs obtenus par des auteurs de logiciels ou inventeurs non salariés ni agents publics accueillis par une personne morale réalisant de la recherche ; N. Binctin, P. Chilès, A. Delmotte, S. Feng, X. Rataboul et L. Vial, « Un an de droit de la recherche », *Propr. intell.* 2022, n° 10, p. 11 ; v. J. Raynard, E. Py, P. Tréfigny, *Droit de la propriété industrielle*, 2e éd., Paris, LexisNexis, 2023, p. 161, n° 284 et 285.
4. Art. L. 611-7 CPI, *in fine* ; v. J. Raynard, E. Py, P. Tréfigny, *Droit de la propriété industrielle*, *op. cit.*, p. 161, n° 283 ; J. Azéma et J.-C. Galloux, *Droit de la propriété industrielle*, 8e éd., Paris, Dalloz, 2017, p. 273, n° 379 s.

de leurs droits d'auteur s'avérait plus complexe. En dépit de la particularité de leur statut, la loi est longtemps demeurée silencieuse quant aux droits d'auteur des agents publics.

La question des droits d'auteur des chercheurs n'était pourtant pas inconnue. Dès les années 1840[5], dans le silence de la loi, la doctrine comme la jurisprudence judiciaire œuvraient à la reconnaissance d'un droit d'auteur sur la tête des universitaires, comme dans la célèbre affaire du cours du Pr Adhémar Esmein[6]. La solution semblait plutôt stable. Pour autant, elle devait être contredite au fil du temps. En 1963, les juges avaient estimé que l'exploitation d'un livre relatif à la matière enseignée par un universitaire n'était pas détachable de ses fonctions et relevait de sa mission de service public[7]. Sans revenir sur la théorie des œuvres administratives ici déployée, ou sur celle des nécessités du service public consacrées par l'avis *OFRATEME* du Conseil d'État en 1972[8] qui investissait *ab initio* l'administration[9] des droits exclusifs de l'auteur[10], on constate que les nuages s'accumulaient déjà au-dessus des droits d'auteur des chercheurs[11].

La célèbre affaire de la reproduction d'un cours de Roland Barthes, en 1992, semblait pourtant avoir éloigné l'orage[12], puisque la cour d'appel de Paris avait

5. Paris, 1838, cité par D. Dalloz, *Jurisprudence générale*, t. 38, 1857, « Propriété littéraire », n° 129 ; en ce sens, v. P.-Y. Ardoy, *La notion de création intellectuelle*, th., 2006, p. 33, n° 47.
6. T. civ. de la Seine, 9 déc. 1893, *DP* 1894. 2. 262.
7. Les juges ont en effet estimé que la publication en cause était celle d'un ouvrage relatif à la matière enseignée par le professeur. Elle a ainsi estimé qu'une telle exploitation ne peut se détacher des fonctions de professeur et relève alors de la mission de service public qui lui est assignée. V., Paris, 5 déc. 1963, *Gaz. Pal.* 1964, 1, p. 117, concl. Quest.
8. CE, avis, 21 nov. 1972, *Office FRAnçais des TEchniques Modernes d'Éducation (OFRATEME)*, req. n° 309.721.
9. Le rapport Vanneste sur la loi DADVSI rappelle brièvement les justifications de l'avis *OFRATEME*, v. Rapp. AN n° 2349, 2004-2005, « Sur le projet de loi relatif au droit d'auteur et aux droits voisins dans la société de l'information », p. 117 ; v. égal. M.-G. Calamarte-Doguet, « Les fonctionnaires en quête de droit d'auteur... », *AJDA* 2003. 1968 s. ; M. Vivant et J.-M. Bruguière, *Droit d'auteur et droits voisins*, Paris, Dalloz, 2019, p. 356, n° 309.
10. Sur l'auteur agent de l'État, v. M. Vivant et J.-M. Bruguière, *Droit d'auteur et droits voisins*, *op. cit.*, p. 378, n° 329 s. ; C. Caron, *Droit d'auteur et droits voisins*, Paris, Litec, 2020, p. 188, n° 243 s. ; F. Pollaud-Dulian, *Le droit d'auteur*, Paris, Economica, 2005, p. 200, n° 276.
11. C. Bléry, « La titularité des droits d'auteur des chercheurs fonctionnaires et agents publics », *Dr. et patr.* avr. 2006. 64 ; J. Cédras, « L'universitaire et le droit d'auteur », in *Mél. en l'honneur d'André Françon*, Paris, Dalloz, 1995, p. 43.
12. TGI Paris, 1re ch., 20 nov. 1991, *RIDA* jan. 1992, p. 340, note A. Kéréver ; Paris, 24 nov. 1992, *RIDA* janv. 1993, n° 155, p. 191 : dans cette affaire, le frère de Roland Barthes s'oppose à la publication écrite d'extraits d'un cours oral sur le « désir de neutre » professé par son frère en 1978 au Collège de France. La recevabilité de l'action du frère de Roland Barthes, agissant en tant qu'unique héritier et légataire universel contre la société d'édition souhaitant publier l'œuvre, tend à démontrer que Roland Barthes n'avait jamais été privé, en tant que professeur, des droits d'auteur sur son œuvre et qu'ils avaient été transmis à son frère à sa mort. Pour davantage de précisions sur l'affaire R. Barthes, v. X. Strubel, *La protection des œuvres scientifiques en droit d'auteur français*, Paris, CNRS éd., 1997.

jugé que la publication sans l'autorisation de l'auteur ou de son ayant droit constituait une contrefaçon.

Il a néanmoins fallu attendre 2006 et la loi relative au droit d'auteur et aux droits voisins dans la société de l'information pour que la question des droits d'auteur des agents publics soit réglée par le législateur[13]. Si le texte consacrait le principe de la titularité *ab initio* des agents publics sur leurs œuvres, il venait aussitôt l'assortir d'un mécanisme de cession légale[14] au profit de l'administration et d'une forte limitation des droits moraux de l'agent auteur. Surtout, s'il ne visait pas expressément les chercheurs, il ne les excluait pas non plus de ce nouveau régime, laissant planer « une menace[15] » sur leurs droits d'auteur. L'avis de tempête était lancé et le danger de porter atteinte à la liberté de la recherche et à l'investissement des chercheurs – et donc à la recherche – était bien réel. Une très forte mobilisation des universitaires en droit[16] devait toutefois aboutir à la préservation du droit d'auteur des universitaires, du fait « de leur indépendance et de leur entière liberté d'expression dans l'exercice de leur fonction ». L'article L. 111-1 du Code de la propriété intellectuelle devait finalement être réformé en posant le principe de la titularité du droit d'auteur au chercheur, en l'asseyant sur les libertés académiques et le principe d'indépendance des universitaires, ainsi que celui de l'autonomie de la démarche scientifique des personnels de recherche[17]. Ces principes sont, depuis 2020[18], contenus dans la loi[19].

5. La question du droit d'auteur des chercheurs étant résolue, on aurait pu espérer que la perturbation s'affaiblisse et que la météo s'améliore. En réalité,

13. C. Caron, « La loi du 1er août 2006 relative au droit d'auteur et aux droits voisins dans la société de l'information », *JCP* E 2006. 2503 ; J. Mel, « Les créations de fonctionnaires », *CCE* 2006. Étude 31 ; C. Geiger, « La loi du 1er août 2006, une adaptation du droit d'auteur aux besoins de la société de l'information ? », *RLDI* mars 2007. 67.
14. Art. L. 131-3-1 s. CPI.
15. En ce sens, v. C. Caron, « Menaces sur le droit d'auteur des universitaires », *JCP* 2005. Actu. 417.
16. L. Pfister, « Quand l'État renonça à attribuer à l'Université des droits sur les productions de ses enseignants (1721) : une leçon pour le présent », *CCE* 2005. Étude 35 ; C. Caron, « Menaces sur le droit d'auteur des universitaires », art. préc. ; M. Vivant, « De l'art de faire de la propriété intellectuelle un instrument de démobilisation », *RLDI* oct. 2005. 3 ; M. Cornu, N. Mallet-Poujol, F. Clément, J. Fromageau, D. Peschanski, J.-F. Poli et L. Pfister, « Du droit d'auteur des universitaires et des chercheurs », *LPA* 20 déc. 2005, p. 3 ; M. Cornu et N. Mallet-Poujol, « Droit d'auteur des universitaires et des chercheurs : l'expropriation sans cause d'utilité publique », *D.* 2005. 3025 ; A. Granchet, « Droit d'auteur des universitaires : chronique d'une mort annoncée », *Légipresse* 2005, n° 225, I, p. 149 ; M. Guillemain et A. Lallement, « La réforme du droit d'auteur des agents publics : difficultés d'application aux enseignants-chercheurs », *D.* 2005. 1418 s.
17. Art. L. 111-1 CPI, *in fine*.
18. L. n° 2020-1674 du 24 déc. 2020 de programmation de la recherche pour les années 2021 à 2030 et portant diverses dispositions relatives à la recherche et à l'enseignement supérieur, art. 33.
19. Art. L. 411-3 C. rech.

la tempête s'est déplacée et les turbulences se font aujourd'hui sentir sur les missions des chercheurs.

B. LES TURBULENCES SECOUANT LES MISSIONS DES CHERCHEURS

6. Les difficultés initialement liées à la propriété intellectuelle des chercheurs se sont en effet déplacées de leur statut à leurs missions d'agent public. Sans prétendre à l'exhaustivité, rappelons que parmi les objectifs de la recherche affirmés par la loi[20] se trouvent, outre le développement et le progrès de la recherche dans tous les domaines de la connaissance, qui est le cœur de la mission du chercheur, la valorisation des résultats de la recherche, d'une part et le partage et la diffusion des connaissances scientifiques, d'autre part.

7. Du fait de l'allocation des droits de propriété intellectuelle, ces deux missions résonnent comme des injonctions contradictoires, posant nécessairement des difficultés d'articulation aux chercheurs qui sont ici en première ligne.

En effet, les chercheurs n'étant investis d'aucun droit de propriété industrielle sur leur invention, ils doivent les déclarer auprès de leur établissement, à l'image de ce que ferait un salarié auprès de son employeur[21]. L'établissement est alors le seul titulaire du droit au brevet et d'éventuels droits de propriété intellectuelle qui seraient accordés.

Au titre de la valorisation des résultats de la recherche, cela place l'établissement en mesure de procéder à la cession ou à la concession de licence auprès d'une entreprise existante ou dans le cadre d'une création d'entreprise par un chercheur, ou encore à la réalisation de contrats de recherche ou de prestation de service. La difficulté se fait jour, car les publications dont les chercheurs sont les auteurs portent nécessairement sur les résultats de la recherche, ceux-là mêmes qui vont peut-être aboutir à une protection. Comment publier alors l'article dont on est l'auteur, sans compromettre, au même instant, la possibilité d'une protection et d'une valorisation de l'invention par son établissement[22] ?

8. La situation est, pour le chercheur, quasi schizophrénique. Il se trouve tiraillé, au cœur de ses missions, par des vents contraires. En sa qualité de chercheur-auteur, il doit publier ses résultats. En sa qualité de chercheur-agent public, il doit déclarer l'invention, résultat de ses recherches, et ne rien

20. Art. L. 112-1 C. rech.
21. A. Delmotte, *Les aspects juridiques de la valorisation de la recherche*, Paris, Mare & Martin, 2016, p. 209, n° 272.
22. Il ne faudrait pas qu'une publication scientifique porte atteinte à la possibilité de déposer une demande de brevet par l'établissement de recherche dont est issu le chercheur, en opérant une divulgation. Concernant les résultats appropriables, v. n° 278 s.

entreprendre qui en empêcherait la valorisation par son établissement. Sans même évoquer l'hypothèse d'un savoir-faire où aucune protection n'est possible et où le secret est impératif, obligeant alors le chercheur au silence, toute publication réalisée avant l'obtention d'un titre de propriété industrielle empêcherait, par la divulgation qu'elle opère, la protection de l'invention et donc sa valorisation.

9. L'articulation de ces deux objectifs est particulièrement délicate pour le chercheur et la conciliation des missions de diffusion des résultats et de valorisation s'opère, le plus souvent, par un retard à la publication, le temps d'obtenir une protection lorsque celle-ci est possible. Lorsqu'aucune protection par un droit de propriété n'est envisageable, le secret demeure la seule protection possible. Un choix s'impose alors entre publier et valoriser[23]. Les turbulences sont ici très fortes.

La situation peut encore être aggravée si les résultats sont le fruit d'un contrat de recherche. Il est en effet fréquent que ces contrats contiennent des stipulations prévoyant non seulement de différer la publication, mais aussi un droit de regard sur cette dernière, bien souvent accompagné d'un droit de modification de son contenu au profit du partenaire[24]. Cette situation n'est pas sans rappeler la limitation du droit moral des agents publics. Cela paraît particulièrement étonnant lorsque l'on songe que c'est bien l'établissement, et non le chercheur titulaire des droits, qui s'engage dans le contrat[25]. Cette situation n'est pas sans rappeler l'hypothèse de cession légale[26] pourtant écartée par l'article L. 111-1 du Code de la propriété intellectuelle.

10. Les turbulences imposées par le droit public à la propriété intellectuelle des chercheurs sont alors à leur paroxysme, au risque d'en malmener les équilibres. Néanmoins, « si le vent souffle, le vent passera[27] », et la propriété intellectuelle offre de véritables perspectives d'embellie.

23. La situation est encore plus complexe pour un résultat non appropriable, tel qu'un savoir-faire. Une publication divulguant le savoir-faire empêcherait toute possibilité de valorisation de ce résultat au sens de la loi et de réaliser des contrats. Concernant le savoir-faire, v., A. Delmotte, « Les aspects juridiques de la valorisation de la recherche », *op. cit.*, p. 260, n° 259 et spéc. n° 274 s., p. 278 ; sur la question de la réservation des savoir-faire, J.-M. Mousseron, J. Raynard et T. Revet, « De la propriété comme modèle », art. préc., p. 300 ; v. J.-M. Mousseron, « Valeur, biens, droits », in *Mél. en hommage à André Breton et Fernand Derrida*, Paris, Dalloz, 1991, p. 277 ; v. égal. R. Fabre, *Le Know-how, sa réservation en droit commun*, Paris, Libr. techniques, 1976.

24. Sur cette question, v., A. Delmotte, *Les aspects juridiques de la valorisation de la recherche*, *op. cit.*, n° 773 s., p. 745.

25. Bien souvent, le chercheur sera amené à s'engager personnellement à la confidentialité. Sur les clauses relatives aux publications des résultats dans les contrats de recherche, v. E. Vergès (dir.), *Contrats sur la recherche et l'innovation*, Paris, Dalloz, 2018, n° 221.162, p. 785.

26. Art. L. 131-3-1 CPI ; sur ce point, v., M. Vivant et J.-M. Bruguière, *Droit d'auteur et droits voisins*, *op. cit.*, p. 390, n° 350.

27. A. Desbordes, P. Martin, « Ce que Papa m'a dit », Paris, Albin Michel Jeunesse, 2016.

II. LES PERSPECTIVES D'EMBELLIE PROPOSÉES PAR LA PROPRIÉTÉ INTELLECTUELLE

11. Face à la tempête, la propriété intellectuelle résiste et permet d'entrevoir la sortie de la zone de turbulences. Si le choix d'une nouvelle méthode de diffusion, celle d'*Open Access,* offre d'ores et déjà une accalmie (**A**), seule une réflexion sur la temporalité de cette diffusion permettra d'envisager une véritable éclaircie (**B**).

A. L'*OPEN ACCESS* OU LE DÉBUT DE L'ACCALMIE

12. Nous entrons dans l'accalmie. La difficulté d'articulation des missions du chercheur résulte, on l'a dit, de l'allocation des droits de propriété sur les résultats de la recherche. Les chercheurs souhaitent évidemment publier leurs résultats dans les revues à facteur d'impact élevé qui sont généralement détenues par des éditeurs privés. Si cela paraît légitime et conforme à leur mission de diffusion des résultats, cela revient aussi, d'une certaine façon, à privatiser ces résultats[28], ce qui peut paraître paradoxal et en contradiction avec les missions d'intérêt général poursuivies par la recherche publique.

Cela soulève surtout une interrogation en termes de financement de la recherche, car la publication des articles des chercheurs par un éditeur privé doit se payer, d'une manière ou d'une autre.

13. Schématiquement, deux modèles économiques existent pour les revues, sachant qu'une hybridation est possible.

Le premier modèle, plutôt traditionnel, est celui du « lecteur-payeur[29] », dont le fonctionnement repose sur les abonnements que souscrivent les lecteurs. C'est ici le lecteur qui assume le coût des publications. Si cela peut sembler relativement conforme à l'objectif de diffusion des résultats de la recherche, cela pose une double difficulté. D'une part, le coût des abonnements est souvent très élevé[30], ce qui crée des barrières d'accès aux résultats[31]. D'autre part, les établissements vont bien souvent devoir s'abonner pour accéder aux résultats de la recherche, ce qui, de façon paradoxale, les conduit à financer deux fois la recherche : une fois pour la faire, une fois pour avoir accès aux

28. M. Arnaud, « Propriété intellectuelle et accès public au savoir en ligne », *Hermès* 2006, p. 61.
29. C. Bernault, « *Open access* et recherche en droit ». Colloque e-Omed « Numérique et droit ».
30. C. Bernault, « Revues scientifiques et droit d'auteur : la rupture de l'*open access* », *Hermès* 2015, p. 92, n° 71.
31. A. Delmotte, « *Open Access* et *Text and Data Mining* », *in* B. Gleize et A. Maffre Baugé (dir.), *La propriété intellectuelle renouvelée par le numérique*, Paris, Dalloz 2020, p. 169 et spéc. 170.

résultats[32]. C'est la raison pour laquelle le Code de la recherche privilégie les « formats libres d'accès[33] » ou *Open Access*.

C'est précisément sur l'*Open Access*[34] que repose le second modèle économique, qui fonctionne alors bien souvent sur le modèle de l'« auteur-payeur[35] ». Dans ce schéma, c'est l'auteur lui-même qui finance sa publication. Lorsqu'il s'agit d'un chercheur public, c'est généralement son établissement. Si cela semble plus favorable à une large diffusion des résultats, cela ne résout pas totalement la question du double financement de la recherche par les établissements. Ces derniers vont en effet ici encore payer une première fois pour faire la recherche, et une seconde pour la diffuser[36]. Les frais peuvent être élevés[37]. Cela risque non seulement d'empêcher la publication des résultats des établissements les moins bien dotés, mais aussi d'en conduire d'autres à sélectionner et à privilégier la publication des recherches dans les domaines les plus en vue, conduisant à faire émerger des « revues prédatrices[38] » au détriment de la qualité des résultats[39].

14. Pour éviter en partie ces écueils, sans pour autant empêcher les chercheurs de publier dans des revues à facteur d'impact élevé, la loi République numérique de 2016[40] a créé un dispositif permettant de lever rapidement les

32. C. Bernault, « Accès à la connaissance et droit d'auteur », in *Mél. en l'honneur du professeur André Lucas*, Paris, LexisNexis, 2014, p. 830 s.
33. Art. L. 112-1, c) C. rech.
34. V. la Déclaration de Berlin sur l'*Open Access* : « Berlin Declaration on Open Access to Knowledge in the Sciences and Humanities », Open Access Initiatives of the Max Planck Society ; v. aussi. C. Bernault, *Open access et droit d'auteur*, Larcier, 2016, p. 14, n° 3.
35. C. Bernault, *Open access et droit d'auteur*, *op. cit.*, p. 61, n° 58.
36. *Ibid.*, p. 62, n° 59.
37. Les frais de publication (*Article Processing Charges*, APC) varient en fonction des revues, mais peuvent rapidement devenir un problème. Il faut compter près de 5 000 € pour une publication dans *Nature Communications* et environ 2 000 € pour une publication dans *Scientific Reports*. L'enquête annuelle « APC et autres frais de publication – Données 2022 » du consortium Couperin témoigne du fait que les APC tendent très nettement à augmenter. En juin 2023, A. Schuhl, directeur général délégué à la science au CNRS, déclarait : « Le système actuel est en train de remplacer les inégalités dans la capacité à lire la littérature scientifique, entretenues par le système des abonnements, par des inégalités dans la capacité à publier des articles scientifiques. Seules les équipes bien dotées seront libres de publier où elles veulent, ayant pour conséquence d'exacerber les inégalités Nord-Sud. Nous sommes actuellement au bord du gouffre, les abonnements existent encore, mais le paiement d'APC occupe une place grandissante », CNRS info, 22 juin 2023.
38. C. Boukacem-Zeghmouri, S. Rakotoary, P. Bador, « La prédation dans le champ de la publication scientifique : un objet de recherche révélateur des mutations de la communication scientifique ouverte », *Natures Sciences Sociétés* 2021, vol. 29, p. 382 s. ; A. Saint-Martin, « L'édition scientifique "piratée". Passage en revue et esquisse de problématisation », *Zilsel* 2018, n° 4, p. 179.
39. H. Maisonneuve, « Histoire des revues scientifiques : les sociétés savantes sont-elles encore le garant des savoirs ? », *Les Tribunes de la santé* 2023, n° 75, p. 35.
40. L. n° 2016-1321 du 7 oct. 2016 pour une République numérique, v. J.-M. Bruguière, « Commentaire de la loi du 7 octobre 2016 », *Propr. intell.* 2017. 22. ; C. Caron, « République numérique rime avec exceptions et limitation du droit d'auteur », *CCE* 2016. 1.

barrières d'accès aux résultats de la recherche et d'assurer leur diffusion en accès libre[41]. Ainsi, le Code de la recherche dispose que « même après avoir accordé des droits exclusifs à un éditeur[42] », le chercheur dispose du droit de mettre à disposition gratuitement, dans un format ouvert, par voie numérique, une version de son travail qui ne peut faire « l'objet d'une exploitation dans le cadre d'une activité d'édition à caractère commercial ». C'est ainsi que l'on parvient, selon le domaine scientifique et le modèle de publication de la revue choisie, à diffuser librement et de façon immédiate ou après un délai allant jusqu'à un an[43], les résultats de la recherche, malgré la cession des droits à un éditeur scientifique. Cette faculté offerte au chercheur lui permet de concilier sa qualité d'auteur et sa qualité d'agent public.

15. Cependant, si la question de la diffusion des résultats de la recherche est partiellement résolue, celle de sa temporalité reste en grande partie à traiter.

B. L'INTRODUCTION D'UN DÉLAI DE GRÂCE OU LA PERSPECTIVE D'UNE ÉCLAIRCIE

16. Après ce début d'accalmie, nous pourrions entrevoir, demain, une véritable éclaircie. Bien souvent, les chercheurs sont conduits, pour les besoins de la valorisation de leurs résultats, à différer leurs publications scientifiques. Il convient en effet de protéger ce qui doit l'être avant d'en opérer la divulgation par une publication.

L'articulation entre les missions de valorisation et celles de diffusion des résultats de la recherche conduit en pratique les chercheurs titulaires de leur droit d'auteur à retarder, parfois de plusieurs mois, la publication de leurs articles[44]. Si l'on est conscient du poids que ces reports de publications peuvent représenter sur la carrière des chercheurs, on néglige probablement trop souvent leurs conséquences sur l'innovation[45].

17. D'un point de vue académique, on sait que les publications tiennent une part essentielle, aussi bien en termes d'avancement de carrière que de

41. Art. 112-1, c) C. rech. : « La recherche publique a pour objectif [...] le partage et la diffusion des connaissances scientifiques en donnant priorité aux formats libres d'accès. »
42. Art. L. 533-4, I C. rech.
43. Art. L. 533-4, I C. rech. ; un embargo peut être mis en place de 6 à 12 mois avant que la publication puisse se faire librement. Sur l'embargo, v. C. Bernault, *Open access et droit d'auteur*, *op. cit.*, p. 47, n° 40 s.
44. A. Delmotte, *Les aspects juridiques de la valorisation de la recherche*, *op. cit.*, p. 744, n° 772 s. et spéc. n° 777.
45. Sur l'effet d'une monopolisation trop longue d'une technologie (et d'un moindre accès), v. E. Mackaay, S. Rousseau, P. Larouche et A. Parent, *Analyse économique du droit*, 3e éd., Paris, Dalloz, 2021, p. 567, n° 1689 s. ; la concurrence est reconnue comme étant un facteur important de l'innovation, sur la question, v. B. Amable, L. Demmou et I. Ledezma, « L'impact de la réglementation sur l'innovation : une analyse des performances selon la proximité à la frontière technologique », *Économie et prévision* 2011, n° 197-198, p. 1.

reconnaissance scientifique et de notoriété. Si l'effet négatif du report de publication peut être partiellement gommé par la prise en compte, dans l'avancement du chercheur, des activités de valorisation qu'il réalise, la situation est différente du point de vue de la reconnaissance scientifique. Dans un monde parfois fortement concurrentiel, où règne la règle du « *publish or perish* », on sait qu'une partie des opportunités de recherche ainsi que des soutiens financiers dépend de la notoriété scientifique du chercheur. Le report de publication apparaît ici beaucoup moins neutre.

Si cela est déjà connu, on méconnaît probablement davantage les conséquences de ces retards de diffusion sur l'innovation. De nombreux travaux économiques ont démontré que limiter l'accès aux résultats de la recherche pouvait avoir un impact négatif sur l'innovation[46]. Cette conséquence négative, due à l'aspect cumulatif des connaissances, est d'autant plus délétère qu'elle est difficilement quantifiable et ne se détecte qu'*a posteriori*[47]. La conséquence sur l'économie semble paradoxale lorsque l'on songe qu'elle résulte de la mission même de valorisation des résultats de la recherche, précisément conçue en faveur de l'innovation et de la croissance économique. Ajoutons encore que ce report induit nécessairement celui de la diffusion en accès libre précédemment évoqué.

18. Fort de ce constat, l'une des solutions pourrait venir de la propriété intellectuelle elle-même. Pourquoi en effet ne pas proposer une évolution des règles du brevet, en introduisant un délai de grâce, c'est-à-dire une période limitée précédant le dépôt d'un brevet, pendant laquelle un futur déposant peut divulguer son invention sans détruire la nouveauté nécessaire à sa brevetabilité ? C'est le sens des résultats de l'étude d'impact de l'Office européen des brevets (OEB) publiée en 2022[48]. Elle démontre, comme celle de 2014, que l'introduction d'un délai de grâce serait particulièrement favorable aux universités, aux centres de recherche, ainsi qu'aux PME, c'est-à-dire aux principaux acteurs de la valorisation de la recherche. Les opérateurs publics de recherche sont très certainement les plus concernés[49]. Cette solution aurait

---

46. E. Mackaay, S. Rousseau, P. Larouche et A. Parent, *Analyse économique du droit*, *op. cit.*, p. 566, n° 1688 ; E. Gray et A. Grimaud, « Diffusion de la connaissance : étude d'un modèle de croissance schumpétérien et applications », *Revue économique* 2001, vol. 62, p. 579 s.
47. E. Mackaay, S. Rousseau, P. Larouche et A. Parent, *Analyse économique du droit*, *op. cit.*, p. 568, n° 1692.
48. OEB, Rapp., *The European patent system and the grace period : an impact analysis*, nov. 2022.
49. *Ibid.*, p. 40 s. et p. 57 : « *The survey results indicate that, of all categories of EPO applicants, European universities are the most strongly impacted by the strict novelty requirement under the EPC. Universities report the highest share (7.8 %) of patent applications prevented by pre-filing disclosures, despite also reporting the highest share (12.1 %) of postponed or cancelled disclosures. They are also the category of EPO applicants that most frequently (in 71 % of cases) experience serious economic consequences of being prevented from filing a European patent application by pre-filing disclosures. Finally, their pre-filing disclosures are typically scientific*

en effet le mérite de permettre aux chercheurs de publier leurs résultats sans attendre et sans entraver pour autant leur valorisation[50]. Si une part importante des répondants à l'enquête publiée en 2022 affirme que l'exigence de nouveauté[51] prévue à l'article 54 de la Convention sur le brevet européen « ne présente que peu ou pas de difficultés », elle a également mis en évidence la particularité des besoins du secteur de la recherche universitaire européenne. En prenant comme référence la situation actuelle, l'étude estime que le délai de grâce, qui permettrait la publication d'un article avant toute demande de protection auprès de l'OEB, pourrait concerner environ 6 % des demandes[52].

19. Il faudrait bien évidemment prévoir les modalités techniques d'un tel délai, comme sa durée et ses conditions, afin de ne pas générer trop d'insécurité juridique. Il convient aussi d'admettre que cette proposition ne résout pas toutes les difficultés soulevées précédemment, telles que le droit de regard et de modification des publications dans les contrats de recherche. Il semble néanmoins qu'elle offre la perspective d'une éclaircie et métamorphose ce trublion de droit public en aiguillon de la propriété intellectuelle.

publications or communications, which suggests that the related inventions are more science-based and may therefore present a higher economic potential. »

50. *Ibid.*, p. 23 : « *The resulting trade-off between a researcher's incentive to quickly publish results and their employer's intent to patent is frequently reported as a problem for technology transfer offices in Europe, leading to the loss of patenting opportunities for science-based inventions that may have significant commercial potential, and to reluctance among researchers to engage in valorisation activities.* »

51. Art. L. 611-11, à L. 611-13 CPI.

52. OEB, Rapp., *The European patent system and the grace period : an impact analysis*, préc., p. 12 : « *Data shows that the strict novelty requirement creates problems for applicants in approximately 10 000 cases a year. Consequently, if the EPC made provision for a grace period, the baseline potential volume of EP-application-related requests invoking the grace period can be estimated at approximately 10 000 annually. This corresponds to 6 % of the European patent applications filed in 2021.* »

La propriété intellectuelle, trublion de l'innovation par la recherche publique

ISABELLE CHÉRY ET GAËLLE CALVARY
Grenoble INP - UGA

L'innovation est un levier de compétitivité des entreprises mais, par essence, son processus est risqué. Aussi, la recherche publique est une chance. Elle permet aux entreprises d'intégrer, dans leurs *roadmaps*, des résultats innovants, pensés, conçus et produits sur financements publics : financement de la recherche publique et financement de la montée en maturité, sur différents aspects (technologiques, marché, juridiques, équipe, etc.), des créations intellectuelles à finalité de transfert. Ce processus de « dérisquage » peut être conduit conjointement avec une entreprise : lorsque l'entreprise est présente dès l'étape de recherche et contribue à son financement avec un flux financier au laboratoire, on parle de « recherche partenariale ».

En recherche partenariale, la probabilité est forte que ce soit l'entreprise partenaire qui, en cas de succès, exploite les résultats d'intérêt, soit directement, c'est-à-dire elle-même, soit indirectement, c'est-à-dire par concession marchande à un tiers. Au contraire, en recherche subventionnée avec des partenaires exclusivement publics, le défi est d'identifier des entreprises pour lesquelles le résultat apporterait un avantage concurrentiel. Ces deux grandes classes d'approche, selon que l'entreprise est ou non pré-identifiée, se retrouvent dans ce qu'on appelle classiquement :

- la valorisation *market-pull* impulsée par le marché, souvent menée en partenariat avec une entreprise. La recherche est axée sur la résolution d'un problème précis, souvent posé par l'entreprise, lui permettant de se démarquer vis-à-vis de ses concurrents. L'innovation est ici coconstruite sur des besoins du marché préalablement identifiés ;
- la valorisation *techno-push* impulsée par la recherche. Le défi est double : d'une part, identifier des applications pertinentes et, d'autre part, définir la structure la plus adaptée pour porter l'innovation et développer le

marché. La structure peut être une entreprise ou une *start-up* spécialement créée pour cette valorisation.

Plus les inconnues marché sont fortes, plus les défis sont exacerbés. C'est clairement le cas de la valorisation *techno-push* où toute l'accroche marché est à construire. Un saut pluriel y est nécessaire, non seulement en maturité technologique mais également en maturité marché, nécessitant dès lors une approche pluridisciplinaire.

Ces activités de recherche et de valorisation à finalité de transfert sont une mission de service public organisée notamment dans les Établissements publics à caractère scientifique, culturel et professionnel (EPSCP), les Établissements publics scientifiques et techniques (EPST) et les établissements de santé (Art. L. 112-2, L. 112-6 et D. 112-8 à 11 du Code de la recherche). Cette mission de valorisation des services publics et de leurs personnels de recherche est donc inscrite dans le Code de la recherche (Art. L. 112-1 et L. 411-1) et de l'éducation (Art. L. 123-3, L. 123-5 et L. 952-3). L'enjeu est important : la valorisation de la recherche publique « nourrit, protège, soigne, éduque, divertit, aide. [...] », comme l'explique le réseau CURIE.

La clé de voûte de l'innovation par la recherche publique est la propriété intellectuelle (PI). Elle permet en effet à son détenteur d'interdire son utilisation par des tiers, apportant ainsi une barrière à l'entrée. Sans PI, point d'avantage concurrentiel pour les entreprises, donc point de valorisation économique, faisant de la PI le trublion de l'innovation par la recherche publique. Cet article développe les droits de PI et leur titularité du point de vue d'un établissement public de recherche (**I**). Il détaille ensuite leurs processus d'acquisition et de gestion, dont de protection (**II**). Il présente enfin le transfert et son accompagnement par la recherche publique (**III**). Il se conclut sur un ensemble de perspectives visant à amadouer ce trublion, concentré d'enjeux socio-économiques et culturels.

I. DROITS DE PI ET TITULARITÉ

Cette section approfondit les droits de PI et leur titularité, avec des précisions selon le statut des inventeurs/auteurs rattachés à un établissement public de recherche.

DROITS DE PI

La propriété intellectuelle (PI) recouvre deux branches de droit qui déterminent la protection des créations intellectuelles selon leur nature (Figure 1) : d'une part, la propriété industrielle ; d'autre part, la propriété littéraire et artistique (PLA). Ces deux régimes légaux sont régis par le Code de la propriété intellectuelle.

La propriété industrielle recouvre la protection de plusieurs typologies de créations : les créations d'ordre technique qui peuvent être protégées par brevet d'invention (*e.g.* une molécule thérapeutique), certificat complémentaire de protection permettant, dans les domaines du phytosanitaire et de la santé, de prolonger la durée de protection d'un brevet, ou certificat d'utilité, mini-brevet de protection amoindrie. Les droits de propriété industrielle protègent également les connaissances techniques telles que la création du *design* d'un circuit intégré ou d'une puce, qui se protège par le dépôt d'une topographie de semi-conducteur, et la création ou la découverte d'une variété végétale (*e.g.* une nouvelle variété de riz) dont la protection se matérialise par un certificat d'obtention végétale. Les droits de propriété industrielle protègent également les créations d'ordre esthétique, c'est-à-dire le *design*, l'apparence de produits industriels ou artisanaux destinés à être reproduits en grande quantité (*e.g.* la création d'une chaise) *via* le dépôt de dessins et modèles. Enfin, ils protègent les signes distinctifs des produits et services d'une personne morale *via* le dépôt de marques et ceux de produits industriels et commerciaux dans le cadre de l'indication géographique. La propriété industrielle s'acquiert par la formalisation d'un dépôt territorial auprès d'administrations dédiées : en France, l'Institut national de la propriété industrielle (INPI) enregistre, analyse et, le cas échéant, délivre un titre de propriété.

La propriété littéraire et artistique recouvre la protection des œuvres de l'esprit (*e.g.* les romans) jouissant du droit d'auteur et les créations logicielles bénéficiant du droit d'auteur amoindri. Elle protège également les droits voisins du droit d'auteur, c'est-à-dire le droit des artistes-interprètes, le droit des producteurs de phonogrammes et le droit des producteurs de vidéogrammes. Enfin, elle protège aussi les droits des producteurs de bases de données par le droit *sui generis*. En PLA, la protection est automatique : elle naît du fait même de la création de l'œuvre et est sans formalité dans tous les pays signataires de la Convention de Berne régissant la PLA (181 pays membres en 2022). Cependant, en cas de litige, l'auteur doit être en mesure d'apporter la preuve de la date à laquelle son œuvre a été créée et d'en revendiquer le droit à la paternité. À ces fins, en France, l'auteur peut déposer sa création chez un notaire, faire un constat d'huissier ou déposer une enveloppe e-Soleau auprès de l'INPI. Pour les logiciels et bases de données, les dépôts peuvent se faire auprès de l'Agence pour la protection des programmes (APP).

Les résultats de recherche peuvent également être protégés par le secret permettant à son détenteur de s'opposer à l'obtention, l'utilisation ou la divulgation illicite par un tiers de ses savoir-faire secrets et informations de valeur commerciale secrètes. Le secret des affaires recouvre des informations secrètes de nature technique, industrielle ou commerciale. Les savoir-faire techniques et industriels incluent également les secrets de fabrique qui recouvrent les procédés de fabrication secrets cachés offrant un intérêt pratique ou commercial. Le secret des affaires est régi par le Code du commerce ; le secret de fabrique

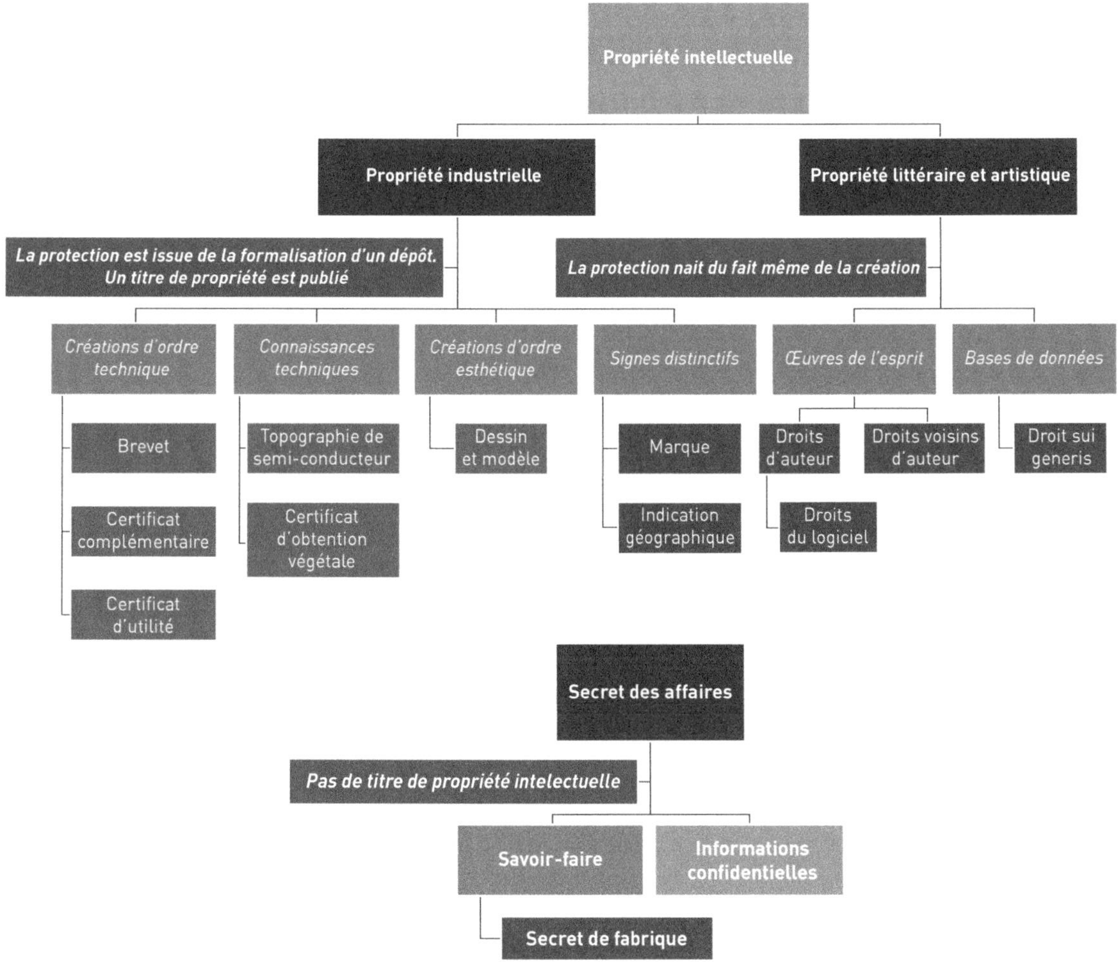

Figure 1 – Les trois régimes juridiques de protection d'une création : la propriété industrielle, la propriété littéraire et artistique et le secret des affaires [Chéry 2025].

bénéficie d'une protection spécifique supplémentaire par le Code du travail. Le secret ne génère pas de titre de propriété car il relève du secret, donc sans publication, et ne nécessite pas de formalité particulière de dépôt. Afin d'avoir une preuve de la date de création, en cas de litiges ou pour prouver une possession personnelle antérieure, il est préférable de le déposer auprès d'un notaire ou de l'INPI *via* une enveloppe e-Soleau.

En synthèse, trois régimes juridiques encadrent la protection d'une création :

- la propriété industrielle, matérialisée par des titres de propriété et générant des droits de PI à son titulaire,
- la propriété littéraire et artistique, non matérialisée par des titres de propriété mais conférant des droits de PI à son auteur,
- le secret des affaires induisant un devoir de confidentialité, non matérialisé par un titre de propriété mais générant des droits d'opposition à l'obtention, l'utilisation ou la divulgation illicite du secret à son détenteur légitime.

Dans la majorité des cas, les résultats de la recherche publique exploités par une entreprise sont techniques, protégés en brevets (v. en Figure 1 la classification Propriété intellectuelle / Propriété industrielle / Créations d'ordre technique / Brevet), logiciels (v. en Figure 1 la classification Propriété intellectuelle / Propriété littéraire et artistique / Œuvres de l'esprit / Droit d'auteur / Droit du logiciel) ou par le secret (v. en Figure 1 la classification Secret des affaires / Savoir-faire).

TITULARITÉ

C'est le statut de l'inventeur/auteur qui définit la titularité des droits. Dans l'analyse, la loi appelle à discerner [Chéry 2025] :

- d'une part, les agents publics, c'est-à-dire les fonctionnaires, agents contractuels et émérites,
- d'autre part, les personnes physiques non agents publics.

Les agents publics sont des personnes sous statut de fonctionnaires ou des agents contractuels ayant un contrat de travail avec un établissement employeur public. Les émérites sont des personnes physiques retraitées, précédemment soit professeurs des universités (statut régi par l'article L. 952-11 du Code de l'éducation et par l'article 58 du décret n° 84-431 du 6 juin 1984) ou maîtres de conférences habilités à diriger des recherches (statut régi par l'art. 40-1-1 du décret n° 84-431 du 6 juin 1984), soit des directeurs de recherche des établissements publics scientifiques et technologiques (statut régi par les art. L. 422-2 et R. 422-47 à R. 422-49 du Code de la recherche) autorisés à poursuivre leurs recherches au sein de leurs laboratoires d'origine sous réserve de la mise en place d'une convention de collaborateur bénévole fixant leurs conditions de présence.

Les personnes physiques non agents publics ici mentionnées sont accueillies dans le cadre d'une convention au sein d'un établissement public réalisant de la recherche, mais n'ont ni le statut de fonctionnaire, ni un contrat de travail avec cet établissement. Elles sont placées sous l'autorité d'un responsable hiérarchique et reçoivent une contrepartie financière et/ou matérielle (rapport du président de la République relatif à l'ordonnance n° 2021-1658 du 15 décembre 2021).

Les inventions techniques et les logiciels mis au point par un agent public fonctionnaire ou contractuel, dans l'exercice de ses fonctions, sont la propriété de l'établissement public employeur (Art. L. 611-7 1° et 5°, Art. R. 611-12 1° et Art. L. 113-9 du Code de la PI). Pour un émérite dans l'exercice de ses fonctions, la propriété revient à l'établissement public d'accueil, les émérites étant « assimilés aux fonctionnaires et agents publics pour l'application des dispositions du Code de la Propriété Intellectuelle » (articles régissant le statut des émérites mentionnés ci-avant). Il en est de même pour une personne physique non agent public, dans l'exercice de ses fonctions et dans les conditions d'accueil mentionnées ci-avant (Art. L. 611-7-1 1° et L. 113-9-1 du Code de la PI).

Pour les savoir-faire, le détenteur légitime est la personne physique ou morale « qui en a le contrôle et, par conséquent, qui peut prétendre au bénéfice de la protection légale de ce secret et a qualité pour agir en cas d'atteinte au secret qu'il contrôle » [RFPI 2019]. Le Code du commerce stipule qu'« est détenteur légitime d'un secret des affaires celui qui en a le contrôle de façon licite » (Art. L. 151-2). Aussi, un agent public à l'origine de secret des affaires en serait le détenteur légitime, puisque c'est lui qui l'a mis au point. Mais, par son statut, il est soumis au secret professionnel et ne peut donc pas divulguer les informations confidentielles (Art. 121-6 du Code général de la fonction publique). Aussi le détenteur est en fait l'établissement public employeur de l'agent public. Le raisonnement est le même pour les émérites et pour les personnes physiques non agents publics : ils seraient de même les détenteurs légitimes des secrets dont ils sont à l'origine mais, si la convention les liant à l'établissement public d'accueil prévoit la confidentialité des résultats mis au point, alors le détenteur est l'établissement public d'accueil.

En pratique, par génération ou convention, les résultats sont souvent la copropriété de plusieurs établissements publics :

- par génération, parce qu'ils sont le fruit de plusieurs inventeurs/auteurs d'employeurs différents, les laboratoires de recherche publique étant souvent multitutelles ;
- par convention, parce que les établissements publics conviennent souvent de règles de PI attribuant les résultats à l'ensemble des établissements ayant investi dans le laboratoire à l'origine du résultat. Ces établissements sont en général les tutelles du laboratoire. Le partage de la PI leur permet, en cas d'exploitation commerciale, un retour sur investissement, les encourageant ainsi à apporter des moyens à la recherche publique.

À titre d'exemple, depuis 2020, la clé de répartition souvent pratiquée est la règle dite des 30-70 : 30 % équirépartis entre les tutelles principales du laboratoire ; 70 % équirépartis entre les employeurs des inventeurs/auteurs.

En cas de succès commercial, les revenus d'exploitation reviennent aux propriétaires. La loi rend cependant obligatoire le versement d'une rémunération supplémentaire ou d'une contrepartie financière aux inventeurs d'une invention de mission, par l'établissement public employeur ou d'accueil (Art. L. 611-7 et L. 611-7-1 du Code de la PI). D'ailleurs, il en est de même pour le secteur privé en faveur des salariés ou des personnes physiques non salariées accueillies par une personne morale de droit privé réalisant de la recherche dans les mêmes conditions que les personnes physiques non agents publics (sous convention d'accueil, placés sous l'autorité d'un responsable hiérarchique et recevant une contrepartie financière et/ou matérielle), inventeurs d'une invention de mission. Pour les fonctionnaires, agents publics, émérites et personnes physiques non agents publics, le calcul de la rémunération supplémentaire ou contrepartie financière est explicité aux articles R. 611-14-1 et R. 611-22 du Code de la PI et se base sur les revenus d'exploitation. Cette rétribution s'ajoute à la prime au brevet (Art. R. 611-14-1 et R. 611-22 du Code de la PI et arrêté du 26 septembre 2005 fixant le montant de la prime au brevet d'invention attribuée à certains fonctionnaires et agents de l'État et de ses établissements publics auteurs d'une invention). Pour les auteurs de logiciels et de savoir-faire mis au point dans le cadre de leurs fonctions, le Code de la PI ne prévoit pas de rémunération supplémentaire ou de contrepartie financière, excepté pour les auteurs agents publics (y compris fonctionnaires), émérites et personnes physiques non agents publics dont le calcul se base également sur les revenus d'exploitation (Art. D. 532-4 et D. 532-8 du Code de la recherche).

II. DÉCLARATION DES RÉSULTATS ET GESTION DE LA PI

Cette section approfondit les processus d'acquisition des droits de PI puis de leur gestion.

DÉCLARATION D'INVENTION ET GÉNÉRALISATION

Un agent public y compris fonctionnaire, un émérite ou une personne physique non agent public, à l'origine d'une invention, doit en faire immédiatement la déclaration à son employeur ou à son établissement public d'accueil, quel que soit le contexte de sa mise au point (Art. R. 611-14 et R. 611-22 du Code de la PI). L'agent concerné remplit une déclaration d'invention qui contient un ensemble d'informations permettant à l'employeur public d'instruire, en concertation avec les inventeurs, l'opportunité d'une protection par brevet et les perspectives de valorisation. La déclaration doit se faire avant toute divulgation.

En effet, en France et en Europe, pour être valable, la protection d'une invention par brevet ne doit pas avoir été divulguée avant le dépôt de la demande de brevet, sinon cela détruit le critère de nouveauté de protection par brevet.

Le devoir de déclaration des inventions techniques des agents publics, émérites et personnes physiques non agents publics, prévu légalement dans le Code de la PI, est étendu, par les établissements publics, notamment aux logiciels et aux savoir-faire, ceux-ci appartenant à l'établissement public de recherche, employeur ou d'accueil. Pour les logiciels, la valorisation peut s'effectuer *via* du code libre (*i. e.* public) ou propriétaire (*i. e.* gardé confidentiel). L'employeur étant propriétaire du logiciel, il lui revient, en lien avec les auteurs, de choisir la manière de le valoriser. Concernant les savoir-faire, les agents publics, émérites et personnes physiques non agents publics doivent les déclarer et s'interdire toute publication, les savoir-faire étant secrets. En pratique, c'est l'un des établissements publics copropriétaires qui prend la main pour la gestion et la valorisation des droits de PI et savoir-faire : il est appelé « mandataire unique ».

MANDATAIRE UNIQUE

Dans un souci de simplification, les établissements publics ayant une mission de recherche, cotutelles d'un laboratoire, désignent l'un d'entre eux ou une personne morale tierce de droit privé ou public pour gérer et valoriser, pour le compte des autres, les droits de propriété industrielle dont les brevets ou certificats d'utilité, les connaissances techniques, les logiciels et bases de données ainsi que les savoir-faire, issus du laboratoire (Art. L. 533-1 et D. 533-2 à D. 533-15 du Code de la recherche, arrêté du 5 mai 2021 relatif aux modalités de prise en charge des frais engagés par le mandataire unique prévu à l'article L. 533-1 du Code de la recherche). Le mandataire unique est notamment en charge des choix stratégiques d'éventuelle protection.

PROTECTION

Excepté dans le cas d'une œuvre relevant de la PLA dont la protection naît du fait même de la création ne nécessitant pas de formalité de dépôt, les créations intellectuelles relevant de la propriété industrielle nécessitent, pour être protégées, de procéder à un dépôt d'une demande de titre de propriété industrielle. Selon la nature de la création, les conditions de protection lui sont propres mais une condition récurrente est la nouveauté : la création ne doit pas être connue avant d'être déposée. Aussi, si elle est publiée, elle ne sera dès lors plus protégeable. Or, culturellement, les publications sont le critère d'évaluation en recherche, la France n'échappant pas à la règle : classements internationaux, commissions de recrutement et autres dispositifs d'évaluation leur accordent une place prépondérante qui détermine en partie l'avenir des doctorants et la progression de carrière des permanents. Aussi, publier, en qualité et en quantité, est une priorité de tout premier plan. Cette aspiration à la publication présente certes l'avantage de partager largement la création. En revanche, elle prive les entreprises d'une exclusivité qui leur donnerait un avantage concurrentiel, à moins que les chercheurs, auteurs de création n'aient pris la précaution de la déclarer au préalable à leur établissement afin de la protéger. Il est donc crucial, avant de publier un résultat de recherche, de s'interroger quant à sa valeur socio-économique. Une fois déposé, le résultat pourra être publié. La demande de titre de propriété en elle-même est par ailleurs publiée et constitue en cela une publication supplémentaire. Ceci est typiquement le cas des brevets.

Le brevet (ou autre titre de propriété industrielle) permet à son propriétaire d'obtenir un monopole d'exploitation sur l'invention technique protégée (20 ans pour un brevet) et d'interdire à des tiers de l'utiliser. Mais pour obtenir un brevet, il faut garder confidentiels les résultats que l'on cherche à protéger jusqu'à l'obtention de l'autorisation de divulguer et d'exploiter délivrée par le directeur de l'INPI dans un délai d'environ quatre à six semaines après le dépôt de la demande de brevet et au maximum cinq mois. Une fois déposée, la demande de brevet est publiée à dix-huit mois, rendant les informations brevetées accessibles au public.

Publier et protéger sont donc bien conciliables, ce qui est indispensable, les missions des établissements publics de recherche et des personnels de recherche étant en effet plurielles et comprenant notamment la diffusion des connaissances et le transfert (Art. L. 112-1 et L. 411-1 du Code de la recherche et art. L. 123-3 et L. 952-3 du Code de l'éducation).

III. TRANSFERT ET ACCOMPAGNEMENT

Cette section approfondit l'opération de transfert des résultats de recherche du public au privé et développe, en particulier, les dispositifs de porosité public-privé permettant l'accompagnement du transfert par la recherche publique afin d'augmenter sa probabilité de succès.

RECHERCHE PARTENARIALE ET PI

Le contrat de recherche partenariale (approche *market-pull*) peut prendre plusieurs formes selon l'ampleur du programme de recherche, sa durée, la mise en commun de moyens, etc. Il prévoit notamment les règles de partage de la propriété des résultats générés dans la collaboration, la prise en charge des frais de PI et leurs conditions d'exploitation. La clause relative au secret et aux publications est également importante, avec la nécessité de trouver un compromis entre des intérêts potentiellement divergents. En effet, le chercheur étant principalement évalué sur ses publications scientifiques souhaite que les résultats de la collaboration soient publiés rapidement. En revanche, l'entreprise a tout intérêt à ce que les résultats de recherche soient gardés confidentiels. Elle peut ainsi envisager leur éventuelle protection par un titre de propriété industrielle, en particulier, par le dépôt d'une demande de brevet dans le cadre d'une invention. L'entreprise pourrait même préférer garder certains résultats définitivement confidentiels, notamment si les résultats ne sont pas brevetables ou si l'invention ne se retrouve pas dans le produit final, rendant difficile de détecter les éventuelles contrefaçons d'un concurrent. Aussi, cette clause prévoit, en général, la possibilité de publier et de communiquer les résultats issus de la collaboration sous réserve de soumettre la publication à l'accord préalable de l'autre partie. Si la divulgation est de nature à porter préjudice à l'exploitation industrielle et commerciale, les parties ont la possibilité de supprimer ou de modifier certaines précisions de la publication, mais sans toutefois porter atteinte à sa valeur scientifique. Elles peuvent aussi décider de différer la publication de dix-huit mois le temps que la demande de brevet soit publiée.

RECHERCHE NON PARTENARIALE ET TRANSFERT DE PI

Le transfert des résultats innovants issus d'une recherche non partenariale (approche *techno-push*) s'effectue soit à une entreprise, soit par création de *start-up*. Dans les deux cas, du point de vue de la PI, deux options sont possibles : soit la concession de licences, soit la cession des actifs.

En cas de licence, différents types de retours financiers peuvent être négociés avec l'entreprise ou la *start-up*, notamment :

- des redevances sur exploitation directe et/ou indirecte,
- un paiement initial en contrepartie d'une exclusivité d'exploitation,
- Le paiement d'étapes crantées, par exemple, sur les voies réglementaires de mise sur le marché de produits de santé,
- une redevance annuelle minimum.

Dans le cas d'une création d'entreprise, peut s'ajouter la prise de parts au capital par l'établissement public propriétaire des résultats valorisés.

ACCOMPAGNEMENT DU TRANSFERT DE PI EN RECHERCHE PARTENARIALE ET NON PARTENARIALE

La mission de valorisation ne peut se conduire sans l'engagement du chercheur. Elle nécessite même souvent post-transfert de PI son implication pour accompagner l'intégration de cette PI par l'entreprise. Or, avant 1999, du fait d'interdictions légales, il était impossible pour les personnels de la recherche publique de s'impliquer dans une entreprise qui valorisait les résultats de recherche sauf à couper temporairement ou définitivement le lien avec son employeur public. Pour lever ces freins et accroître la capacité d'innovation de la France par et grâce à la recherche publique, la loi n° 99-587 sur l'Innovation et la Recherche (LIR), promulguée en 1999, mise sur les atouts de la recherche publique et sur le transfert des résultats vers les entreprises par un personnel de recherche. La clé est d'organiser la convergence d'intérêts entre le personnel de recherche, son employeur public et l'entreprise, et de gérer la prise de risque par les personnels de recherche en leur garantissant la possibilité de retourner dans leurs établissements d'origine. La LIR a ainsi ajouté trois dispositifs permettant aux personnels de la recherche publique de collaborer avec, et même d'intégrer, une entreprise qui valorise les résultats de la recherche. La loi cible aussi bien la création de *start-up* que le transfert vers des entreprises. Ces trois dispositifs, dits « Allègre », ont considérablement évolué avec la loi PACTE (Plan d'action pour la croissance et la transformation des entreprises, loi n° 2019-486 du 22 mai 2019) et la LPR (loi de Programmation de la recherche pour les années 2021 à 2030 et portant diverses dispositions relatives à la recherche et à l'enseignement supérieur, loi n° 2020-1674 du 24 décembre 2020). Ils sont codés aux articles L. 531-1 à L. 531-17 du Code de la recherche (Figure 2) :

1°) Associé et/ou dirigeant.
2°) Concours scientifique.
3°) Membre des organes de direction d'une entreprise.

Ces trois dispositifs sont ouverts aux agents publics ayant la qualité de fonctionnaires civils, titulaires et stagiaires, quels que soient les statuts particuliers des corps auxquels ils appartiennent et quelles que soient les fonctions qu'ils exercent dans les services publics où est organisée la recherche. Les deux premiers sont aujourd'hui également ouverts aux agents publics contractuels par une loi ou un décret qui leur a étendu l'application avec des conditions qui leur sont propres.

Figure 3 – Les trois dispositifs de valorisation, dits « Allègre », inscrits dans le Code de la recherche.

Leviers de rapprochement des sphères publique et privée, ces trois dispositifs sont des vecteurs de développement économique. Leur mobilisation nécessite une étude déontologique de la situation. Selon le cas, elle peut aussi s'accompagner d'un changement de position administrative de l'agent pour être, par exemple, mis à disposition à temps complet ou incomplet auprès de l'entreprise.

CONCLUSION ET PERSPECTIVES

La recherche publique est une opportunité pour les entreprises d'innover avec une contribution de l'État au « dérisquage ». Symétriquement, les entreprises sont une opportunité pour la recherche publique, source de défis scientifiques, techniques et applicatifs poussés par l'évolution et l'émergence de filières industrielles, dans une vive compétition à dimension internationale. Aussi, la loi française évolue progressivement vers une porosité public-privé de plus en plus forte. Les dispositifs « Allègre », par exemple, permettent la mobilité des personnels du public au privé. Inversement, le Plan de relance, dans son volet Recherche et Développement de l'État, subventionnait la mobilité du personnel privé vers le public pour surmonter la crise sanitaire de manière utile : se former au plus haut niveau et préparer l'avenir à une période où les commandes étaient au plus bas. Toutefois, concilier les exigences du public et du privé reste un art difficile.

La PI est la corde sensible de l'innovation par la recherche publique, le trublion de la porosité public-privé. Elle cristallise un ensemble d'enjeux et d'intérêts, le défi de la négociation étant de les rendre convergents. Les points majeurs du frottement sont la propriété des résultats, leur exploitation, la rétribution financière des parties prenantes et les conditions de l'opération dont la publication différée des résultats, voire leur mise au secret. La réglementation évolue pour régir, voire réduire, ces points de tension.

L'exemple emblématique est celui de la publication alors que la souveraineté économique encouragerait à une protection maximale. Dans certains pays, notamment la France, la nouveauté doit être absolue pour que l'invention puisse être brevetable. Ainsi, si l'inventeur divulgue son invention avant de déposer la demande de brevet, l'invention n'est plus protégeable. Dans d'autres pays, comme les USA, le Japon, le Canada, le Brésil, l'Australie, etc., il existe un délai dit « de grâce » d'un an durant lequel l'inventeur qui est à l'origine de la divulgation de son invention peut déposer une demande de brevet sans que sa propre divulgation ne lui soit opposable. Cette pratique est intéressante et mériterait d'être intégrée en Europe et donc en France pour toujours augmenter la compatibilité entre public et privé. Une enquête de l'Office européen des brevets relative à l'exigence de nouveauté prévue par la Convention sur le brevet européen (CBE) et l'absence d'un délai de grâce a

« mis en évidence les besoins particuliers du secteur de la recherche universitaire, particulièrement en Europe, où les divulgations dans le cadre universitaire peuvent présenter des problèmes pour le dépôt ultérieur de demandes de brevet ». Suite à la promulgation de la loi PACTE, il est possible, depuis le 1er juillet 2020, de déposer auprès de l'INPI une demande de brevet provisoire. Attention, celle-ci n'autorise pas la publication de l'invention avant le dépôt mais permet d'initier le dépôt d'une demande de brevet de manière simplifiée et peu onéreuse. Notamment, cette démarche permet en cas de divulgation imminente de l'invention de déposer de manière urgente une demande de brevet, le formalisme étant moins exigeant : seuls la description de l'invention ou un mémoire technique et, le cas échéant, les figures sont nécessaires.

Si ces évolutions législatives sont favorables à la valorisation et au transfert, elles restent en pratique délicates à intégrer, nécessitant une pleine cohérence entre les articles, s'étalant au fil des âges et parfois organisés en différents codes : c'est le cas de la valorisation de la recherche avec notamment le Code de la PI, le Code de la recherche et le Code de l'éducation. Aussi, parvenir à s'en abstraire pour comprendre l'esprit de la loi et de son évolution est fondamental. Les sciences du numérique pourraient ici être une perspective intéressante pour faciliter la maîtrise des textes de loi dans leur cohérence, explicabilité et appropriation de sens. La PI, par exemple, aujourd'hui perçue comme un trublion en recherche publique, concentre, en réalité, le difficile exercice de convergence d'intérêts, c'est-à-dire la vocation même du contrat : expliciter les paramètres et leur donner du sens pourrait faciliter les négociations. Une approche pluridisciplinaire croisant sciences juridiques et sciences du numérique est une perspective prometteuse.

RÉFÉRENCES

[Chéry 2025] : Chéry Isabelle & Calvary Gaëlle, *La valorisation de la recherche publique – Éléments fondamentaux et avancés sur le processus de transfert*, Réseau CURIE, 2025.

[RFPI 2019] : *Revue francophone de la Propriété intellectuelle*, novembre 2019, n° 9.

Données publiques et transition énergétique[1]

AMÉLIE FAVREAU
Professeure des universités en droit privé

FRÉDÉRIC WURTZ
Directeur de recherche CNRS en génie électrique

Résumé : Les données sont au centre de ces systèmes et génèrent une importante valeur économique particulièrement lorsqu'elles sont analysées ou combinées à des services et des produits. Les enjeux de leur circulation libre, transfrontière et sans entrave entre les acteurs sont centraux pour la transition énergétique. L'enjeu du XXIe siècle est de faire décroître la consommation des énergies fossiles au profit des énergies renouvelables sous la pression climatique. La qualification et la gouvernance des données de l'énergie ont un rôle pour contribuer à cet objectif fondamental.

La grande variété des données publiques. La notion de données publiques a été et continue d'être façonnée par des textes nationaux et par l'actuel mouvement législatif européen. Elle désigne « toutes les informations rassemblées, créées, conservées ou éditées par les administrations, les services publics et les entités de droit privé ou de droit public poursuivant une mission de service public » (source : service-public.fr). Un critère organique permet de qualifier ces données. En effet, les données publiques proviennent de l'« Administration », au sens de l'article L. 100-3 du Code des relations entre le public et l'administration (CRPA).

Les données publiques sont une catégorie spéciale de données à caractère non personnel et ne sont pas exclusives de la catégorie des données à

1. Cet article s'inscrit dans deux cadres de recherche : l'Observatoire de la transition énergétique (programme « Investissements d'avenir », ANR-15-IDEX-02, Mission pour les initiatives transverses et interdisciplinaires du CNRS) et la cellule Énergie du CNRS *via* le projet PEPS et par le Programme Descartes (*supported by the National Research Foundation, Prime Minister's Office, Singapore under its Campus for Research Excellence and Technological Enterprise (CREATE) programme*).

caractère personnel. En effet, certaines données publiques peuvent appartenir à une personne concernée, sans qu'elles ne perdent leur **caractère « personnel »**. La donnée publique ne s'oppose donc pas à la notion de donnée à caractère personnel.

Les données de référence. La notion de donnée de référence est apparue à l'article 14 de la loi pour une République numérique, puis reprise à l'article L. 321-4 CRPA. Il s'agit de toutes les données qui constituent une référence commune pour nommer ou identifier des produits, des services, des territoires ou des personnes, qui sont réutilisées fréquemment par des personnes publiques ou privées autres que l'administration qui les détient et dont l'importance économique, sociale ou environnementale implique une mise à disposition avec un niveau élevé de qualité. À ce jour, neuf jeux de données ont été identifiés comme des données de référence. Il s'agit par exemple des données issues de la base Sirene des entreprises et de leurs établissements (SIRET, SIREN), le plan cadastral informatisé, le Répertoire national des associations (RNA) ou le Répertoire opérationnel des métiers et des emplois (ROME). Cette catégorie de données de référence a été récemment adoptée par la Commission européenne à travers le règlement d'exécution UE n° 2023/18 du 21 décembre 2022, établissant une liste d'ensemble de données de forte valeur spécifiques et les modalités de leur publication et de leur réutilisation (dit « *High value data set* »). Le règlement prévoit six catégories de données de référence en vue de leur réutilisation pour **juin 2024** : 1) géospatial, 2) observation de la terre et environnement, 3) météorologies, 4) statistiques, 5) entreprises et propriété d'entreprises et 6) mobilité. Les données sont mises à disposition avec une Licence Creative Common BY 4.0 ou équivalente.

Les données d'intérêt général. La loi pour une République numérique a introduit à l'article 17 la notion de données d'intérêt général. Elle permet « lorsque la gestion d'un service public est déléguée » que « le concessionnaire fourni[sse] à l'autorité concédante, sous format électronique, dans un standard ouvert librement réutilisable et exploitable par un système de traitement automatisé, les données et les bases de données collectées ou produites à l'occasion de l'exploitation du service public faisant l'objet du contrat et qui sont indispensables à son exécution ». L'autorité peut alors extraire et exploiter librement tout ou partie de ces données et bases de données, notamment en vue de leur mise à disposition à titre gratuit à des fins de réutilisation à titre gratuit ou onéreux.

Les données de l'énergie. Les données de l'énergie sont une variété de données publiques. Elles sont essentielles pour lutter contre les effets du changement climatique. Ainsi, le Code de l'énergie prévoit la mise à disposition des données de consommation par les gestionnaires de réseaux publics de distribution d'électricité et de gaz naturel aux fins de réutilisation (v. not. L. 111-73 s. du Code de l'énergie).

Problématique sur les données publiques et la transition énergétique. Selon les chiffres de l'AIE[2] (Agence internationale de l'énergie), les activités de production, de distribution et de consommation d'énergie sont responsables de près de 75 % des émissions de gaz à effet de serre. Or, comme cela est rappelé de manière récurrente par le cycle des conférences sur le climat (les COP[3]) alimenté par les rapports du GIEC, les émissions actuelles de CO^2 ne sont pas soutenables et appellent à la nécessité d'une transition, qui de fait sera en grande partie une transition du secteur énergétique pour se décarboner. Si cette transition peut susciter des controverses sur son *modus operandi*, il émerge un certain nombre de consensus dans les rapports de l'AIE, du GIEC[4], de l'ADEME[5] ou de RTE[6]. Concernant la production d'énergie, cette transition passera massivement par une montée en puissance extrêmement rapide et historiquement inédite du vecteur électrique (qui représente à ce jour 25 % de nos usages énergétiques et qui devrait passer à près de 60 % en 2050) avec en particulier la montée en puissance des énergies renouvelables comme le solaire et l'éolien. Concernant la demande et la consommation d'énergie, le consensus converge vers la nécessité d'une mobilisation de nouveaux leviers sociotechniques comme la sobriété (réduire la consommation) et la flexibilité de consommation (reporter autant que possible les consommations lors des phases de disponibilité des énergies fatales que sont typiquement le solaire et l'éolien). Or pour étudier, gérer, réglementer et orchestrer cette évolution sociotechnique majeure, le recueil, le partage et l'interopérabilité des données de consommation d'énergie vont devenir fondamentaux. Ceci est d'autant plus vrai que le processus doit être envisagé au long cours avec une vision multiscalaire (des échelles locales aux échelles globales et des échelles individuelles, aux échelles collectives, territoriales et nationales), pouvant dès lors percuter des intérêts divergeant entre préservations de la vie privée, du droit privé, du droit des affaires, et gestion du bien commun et du bien public que représentent les enjeux de soutenabilité environnementale et de disponibilité équitable d'une énergie suffisamment abondante et sûre dans l'équilibre entre offre et demande.

La question centrale de cet article souligne donc, à juste titre, que la qualification et le régime juridique de données publiques s'avèrent être un outil juridique pertinent et nécessaire pour la transition énergétique, mais est-il suffisant ? Quelles sont les propositions susceptibles de le compléter ? L'article nous permettra de l'aborder en deux temps.

2. https://www.iea.org/reports/net-zero-by-2050, feuille de route de l'AIE pour une décarbonation du secteur de l'énergie visée pour 2050.
3. https://www.ecologie.gouv.fr/politiques-publiques/decryptage-cop-conferences-internationales-lutte-contre-dereglement-climatique
4. V. en particulier le 3e volet du 6e rapport du GIEC, et son résumé pour les décideurs https://www.ipcc.ch/report/sixth-assessment-report-working-group-3/
5. https://transitions2050.ademe.fr/
6. https://www.rte-france.com/analyses-tendances-et-prospectives/bilan-previsionnel-2050-futurs-energetiques

I. LE RÉGIME DES DONNÉES PUBLIQUES, UN RÉGIME JURIDIQUE PERTINENT POUR LA TRANSITION ÉNERGÉTIQUE

Accès à l'information publique. L'accès à l'information est un droit fondamental. La Charte des droits fondamentaux de l'Union européenne le consacre à l'article 11 comme « la liberté de recevoir ou de communiquer des informations ou des idées sans ingérence des autorités publiques et sans considération de frontières ». Le secteur public collecte, produit, reproduit et diffuse un large éventail d'informations dans des domaines variés (social, politique, économique, juridique, géographique, environnemental, météorologique, sismique ou touristique, affaires ou enseignement). Cette mise à disposition de ces informations du secteur public permet de trouver de nouveaux usages et de créer de nouveaux produits et services innovants. Ces informations sont donc une ressource bénéfique pour la société, dont il convient d'aménager la réutilisation. Cela se vérifie particulièrement sur les données relatives à l'énergie.

A. LE RÉGIME DES DONNÉES PUBLIQUES

Ce régime est fondé sur l'ouverture (**1**) et la réutilisation (**2**) des données publiques.

1. L'ouverture et l'accessibilité aux données publiques

Origines de *l'Open Data*. L'accès ouvert aux données publiques est un préalable obligatoire à leur réutilisation. Le concept de données ouvertes s'entend comme désignant des données présentées dans un format afin qu'elles puissent être librement utilisées, réutilisées et partagées par tous, quelle qu'en soit la finalité. En France, le libre accès aux documents administratifs et le principe de leur réutilisation ont été admis très tôt avec la loi du 17 juillet 1978[7]. Ces dispositions ont par la suite été modifiées et surtout modernisées par la loi n° 2016-1321 du 7 octobre 2016, pour une République numérique. Le premier volet de la loi pour une République numérique pose comme objectif la « circulation des données et du savoir » et pose comme principe l'ouverture et l'accessibilité aux données publiques. Ainsi, les administrations doivent publier en ligne dans un standard ouvert leurs principaux documents, y compris leurs **codes sources**, ainsi que leurs **bases de données** et les données qui présentent un intérêt économique, social, sanitaire ou environnemental[8].

Le Conseil constitutionnel a confirmé la valeur constitutionnelle du droit d'accès aux documents administratifs sur le fondement de l'article 15 de la

7. L. n° 78-753 du 17 juill. 1978, portant diverses mesures d'amélioration des relations entre l'administration et le public et diverses dispositions d'ordre administratif, social et fiscal.
8. Art. L. 312-1 CRPA.

DDHC[9]. Ainsi toute personne peut donc obtenir communication des documents détenus par une administration dans le cadre de sa mission de service public, quels que soient leur forme ou leur support[10].

2. La réutilisation des données publiques

Le principe de la réutilisation. La réutilisation de documents détenus par un organisme du secteur public apporte de la valeur ajoutée au bénéfice de la société, de l'économie, de l'innovation, mais également au bénéfice de l'organisme du secteur public, en permettant à l'organisme concerné d'améliorer la qualité des informations recueillies et l'exercice de ses missions. La directive UE n° 2019/1024 du Parlement européen et du Conseil du 20 juin 2019 concernant les données ouvertes et la réutilisation des informations du secteur public (dite directive « *Open Data* » et transposée au CRPA) définit la réutilisation des données comme :

> « l'utilisation par des personnes physiques ou morales de documents détenus par :
> – des organismes du secteur public, à des fins commerciales ou non commerciales autres que l'objectif initial de la mission de service public pour lequel les documents ont été produits, à l'exception de l'échange de documents entre des organismes du secteur public aux seules fins de l'exercice de leur mission de service public ;
> – des entreprises, à des fins commerciales ou non commerciales autres que l'objectif initial de fournir les services d'intérêt général pour lequel les documents ont été produits, à l'exception de l'échange de documents entre des entreprises publiques et des organismes du secteur public aux seules fins de l'exercice de leur mission de service public. »

La réutilisation est donc par principe gratuite et peut viser une autre finalité que le but initial de production du jeu de données. Les données sont mises à disposition gratuitement, mais l'usage d'une licence est conseillé. L'article D. 323-2-1 CRPA fournit à l'Administration une liste de licences de réutilisation à titre gratuit des informations publiques. Le droit à la réutilisation n'a cessé de s'étendre sous l'impulsion de textes nationaux européens.

B. L'APPORT DES COLLECTIVITÉS PUBLIQUES DANS LE CADRE DE LA TRANSITION ÉNERGÉTIQUE

La création d'un service public de la donnée. La loi pour une République numérique a créé le service public de la donnée, une infrastructure nationale autour des bases de données de référence. Les producteurs de données mettent à disposition, en vue de faciliter leur réutilisation, des jeux de données de

9. Cons. const., 3 avr. 2020, n° 2020-834 QPC, *JurisData* n° 2020-005361.
10. Art. L. 311-1 CRPA.

référence présentant le plus fort impact économique ou social. Ils s'adressent avant tout aux utilisateurs, des acteurs privés ou publics (ex. : entreprises, associations, administrations, etc.), en leur garantissant au moment de la diffusion un niveau élevé de qualité de service. Le département Etalab recense les bases de données de référence.

Analyse à des échelles nationales ou globales, orientation des politiques publiques. Les collectivités détiennent de nombreux leviers en matière de transition écologique et énergétique. Par leurs compétences directes, les intercommunalités et les communes peuvent, par exemple, agir pour le développement des énergies renouvelables, de chaleur et froid de récupération, ainsi que pour l'évolution des réseaux énergétiques. Les bases de données telles que data.gouv.fr s'avèrent particulièrement utiles pour cibler les passoires énergétiques. Par exemple, les bâtiments intelligents (*smart buildings*), intégrés dans des réseaux intelligents (*smart grids*), peuvent significativement contribuer à l'objectif de sobriété énergétique. En effet, les bâtiments sont, d'une part, les plus grands consommateurs d'énergie dans le réseau électrique et pourraient devenir l'un des plus grands producteurs d'énergie renouvelable, en particulier grâce au concept de bâtiment à énergie positive, et ceci en offrant dans le même temps un important gisement de « flexibilité » en demande énergétique. C'est pourquoi il convient de se focaliser sur des méthodologies utilisant des modèles physiques et l'optimisation pour une conception et une supervision « intelligentes », afin de valoriser les propriétés énergétiques de ces bâtiments et contribuer ainsi au concept de *smart building* intégré dans des *smart grids*[11].

II. LE RÉGIME DES DONNÉES PUBLIQUES, UN RÉGIME JURIDIQUE INSUFFISANT POUR LA TRANSITION ÉNERGÉTIQUE

A. LE RECUEIL DE DONNÉES MIXTES DANS LE CADRE DE L'OBSERVATOIRE DE LA TRANSITION ÉNERGÉTIQUE (OTE)

L'Observatoire de la transition énergétique (OTE) est un programme interdisciplinaire financé par le programme IDEX de l'Université Grenoble Alpes. Il regroupe aujourd'hui 20 laboratoires et plus de 110 chercheurs dans le domaine des sciences sociales, des sciences de l'ingénieur, des sciences de la matière et des sciences de l'environnement[12]. Ce programme est

11. F. Wurtz, B. Delinchant, « "Smart buildings" integrated in "smart grids" : A key challenge for the energy transition by using physical models and optimization with a "human-in-the-loop" approach », *Comptes Rendus. Physique*, 2017, vol. 18, n° 7-8, p. 428-444. doi : 10.1016/j.crhy.2017.09.007. https://comptes-rendus.academie-sciences.fr/physique/articles/10.1016/j.crhy.2017.09.007/
12. https://ote.univ-grenoble-alpes.fr/

un programme d'animation scientifique avec le support de la fédération de recherche Innovacs et Territoires en Réseaux[13]. Le projet adresse des enjeux sociotechniques clefs de la transition énergétique dont la sobriété, la flexibilité, l'émergence des communautés énergétiques. Ce programme est notamment doté d'une plate-forme pour le recueil et la production de données pour la transition énergétique combinant des recueils quantitatifs de données de consommation alliées à des enquêtes sociales basées sur des questionnaires.

La constitution d'ensembles mixtes de données dans le cadre de l'OTE. Les données publiques seules sont insuffisantes pour embrasser le sujet de la transition énergétique. En effet, c'est de la mixité des données (publiques, à caractère personnel, à caractère non personnel, et privées) que peuvent émerger des solutions plus précises.

Les dispositifs de recueil de données mixtes vont permettre de capturer de la donnée de consommation en quasi-temps réel. Tel est notamment le cas de plus de 400 foyers actuellement suivis dans le cadre de l'étude Etudelec. Il est ainsi possible d'avoir de la donnée très fine en maille temporelle et en maille spatiale pour étudier la transition énergétique.

• **Schéma 1 et 2 : Etudelec : de l'ordre de 400 foyers suivis pendant la crise énergétique de l'hiver 2023-2024**

• De la courbe de thermosensibilité du panel (OTE) aux données publiques (ENEDIS)

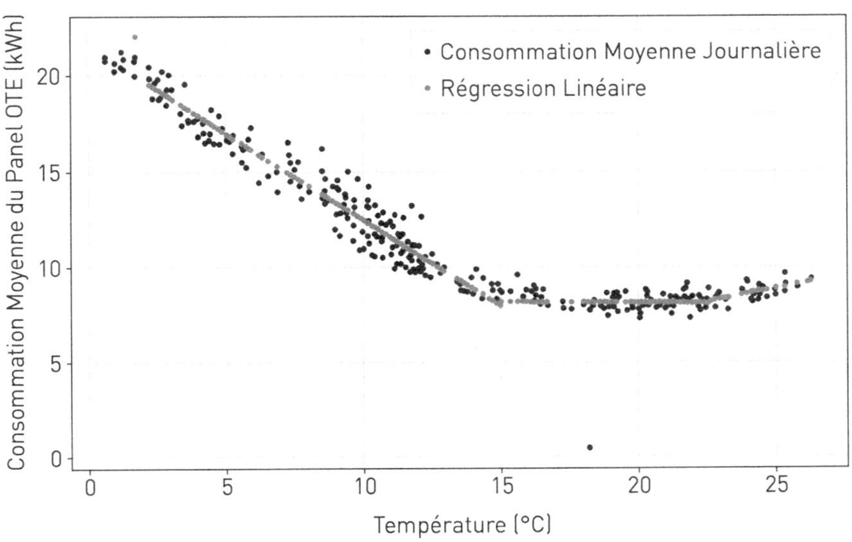

13. Fédération Innovacs https://innovacs.univ-grenoble-alpes.fr/ et fédération Territoires en Réseaux https://sfr-territoires.univ-grenoble-alpes.fr/

La sobriété mesurée par Enedis

–9,8 % entre la consommation
du 12 décembre au 18 décembre 2022 (550)
et la moyenne 2018/19/21 de la même semaine
3 970,8 GWh (5,5 °C) contre 4 401,7 GWh

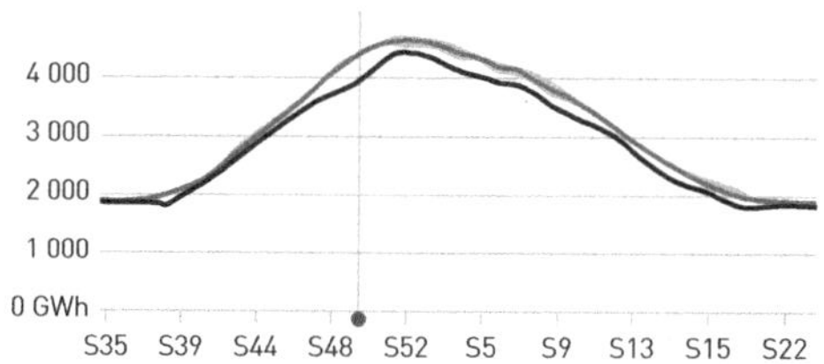

Conso ajustée vs. moy. +min/max 2018/19/21
(au pas semaine)

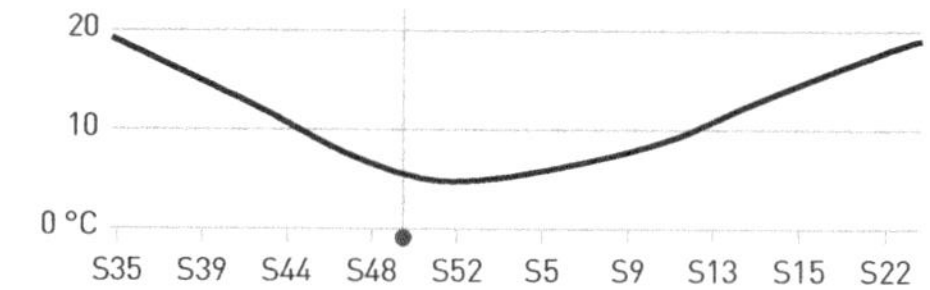

–8,2 % entre la consommation
du 12 décembre au 18 décembre 2022 (550)
et la moyenne 2018/19/21 de la même semaine
968,2 GWh (5,5 °C) contre 1 054,9 GWh

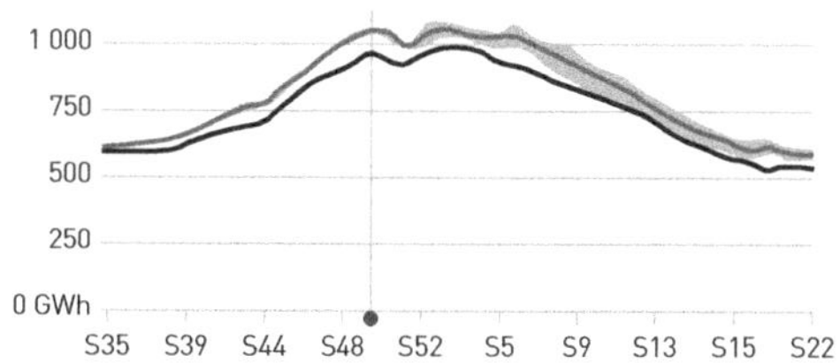

Conso ajustée vs. moy. +min/max 2018/19/21
(au pas semaine)

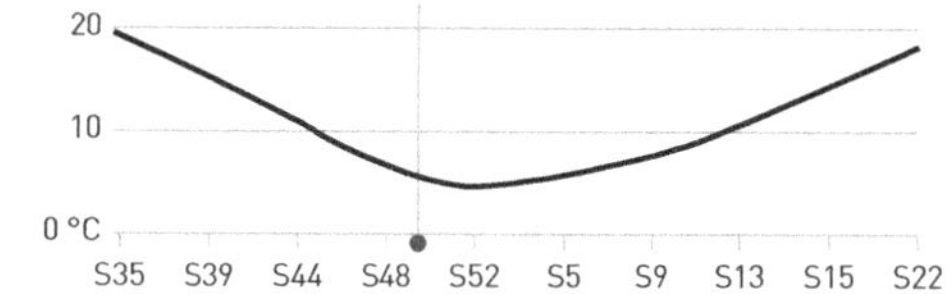

–7,8 % entre la consommation
du 12 décembre au 18 décembre 2022 (550)
et la moyenne 2018/19/21 de la même semaine
3 109,6 GWh (5,5 °C) contre 3 373,0 GWh

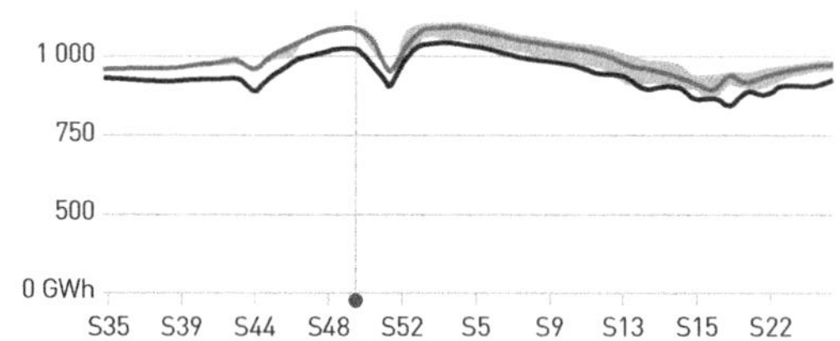

Conso ajustée vs. moy. +min/max 2018/19/21
(au pas semaine)

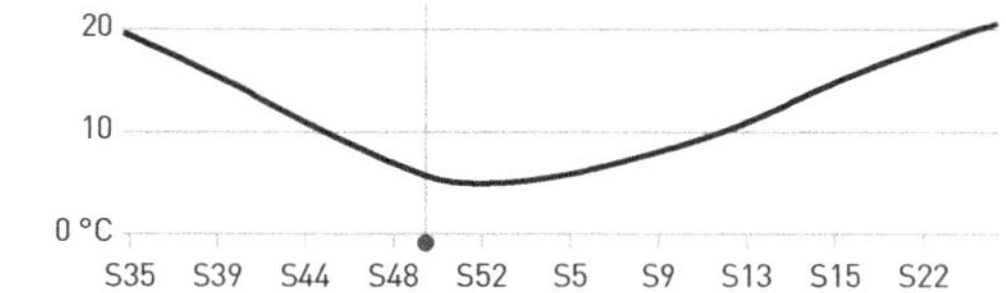

Ces courbes ne seront pas commentées en détail, mais permettent de montrer que pour l'OTE, il s'agit bien de faire la jonction entre les données produites par la puissance publique et les opérateurs tels qu'ENEDIS et RTE, et la capacité de remonter jusqu'au comportement des particuliers qui ont accepté *via* un consentement éclairé de fournir leur information de consommation et sont prêts à faire partie d'études pour étudier les dynamiques de sobriété.

La plateformisation des données. La stratégie européenne pour les données contribue à la réalisation de la vision d'un marché unique des données (« Une stratégie européenne pour les données », COM [2020] 66 final, 19 février 2020). Cela conduit notamment à la création d'espaces européens communs de données, afin que les données deviennent disponibles pour une utilisation dans l'économie et la société. Pour assurer la libre circulation sécurisée des données, la Commission a proposé dans la stratégie européenne pour les données de mettre en place des espaces européens communs de données (Proposition de règlement du Parlement européen et du Conseil relatif à l'espace européen des données de santé, COM (2022) 197 final).

Ces espaces sont spécifiques à certains domaines tels que la santé, la mobilité, l'industrie manufacturière, les services financiers, l'énergie ou l'agriculture, ou une combinaison de ces domaines, par exemple l'énergie et le climat, ainsi que des domaines thématiques tels que le pacte vert pour l'Europe, l'administration publique.

Ils visent au partage et à la mise en commun des données. Les espaces européens communs de données s'appuient sur les principes FAIR pour les données, à savoir traçables, accessibles, interopérables et réutilisables, et garantissent un niveau élevé de cybersécurité. Les participants à l'espace de données doivent se conformer à plusieurs **exigences essentielles pour permettre aux données de circuler à l'intérieur et entre les espaces de données.** Par exemple, une description des structures de données, des formats de données et des vocabulaires, le cas échéant, devrait être accessible au public. En outre, il convient de garantir l'interopérabilité des accords de partage des données, tels que les contrats intelligents.

C. PERSPECTIVES DE RECHERCHE

1. Sur une base contractuelle

Le modèle ODCL. M. Benhamou et Mme Dulon de Rosnay ont proposé un modèle ODCL pour la gouvernance des données[14], notamment à l'étude dans

---

14. Y. Benhamou, M. Dulong de Rosnay, « Open Data Commons Licenses (ODCL) : Licensing Personal and Non Personal Data Supporting the Commons and Privacy », 12 déc. 2023). Available at SSRN : https://ssrn.com/abstract=4662511 or http://dx.doi.org/10.2139/ssrn.4662511.

le cadre du programme Descartes sur l'intelligence artificielle[15]. Partant du constat que les données sont souvent soumises à une multitude de droits, à des régimes fragmentés, elles sont par voie de conséquence partagées volontairement par le biais de conditions contractuelles non standardisées et non interopérables (ex. lorsque les plateformes en ligne fixent leurs propres conditions de service dans les relations entre entreprises et consommateurs (B2C)). Les auteurs proposent des conditions standard qui peuvent s'appliquer à tous les types de données (y compris les données personnelles et mixtes), en se basant sur la philosophie des données ouvertes initialement développée pour les logiciels libres et les Creative Commons pour les œuvres artistiques et autres œuvres protégées par le droit d'auteur. En mobilisant le droit des contrats, cette proposition tient compte du déséquilibre du pouvoir de négociation et de l'asymétrie de l'information (en offrant au donneur de licence la possibilité de décider des conditions). Ainsi, les concédants récupèrent la capacité de fixer leurs propres conditions d'accès, d'utilisation et de restriction pour préserver l'intégrité des données. Cela devrait également permettre de gérer des ensembles de données complexes, d'accroître le partage des données et d'améliorer la confiance et le contrôle sur les données. Comme les précédentes normes de licence ouverte, le modèle devrait réduire les coûts de transaction en diminuant la nécessité d'élaborer et de lire de nouvelles conditions contractuelles compliquées. *In fine*, il favorise un écosystème commun de données. Ce modèle ODCL pourra être prochainement exploité dans le cadre de l'OTE pour accroître les performances de gouvernance des données.

2. Sur une base régulatrice

La place de l'Université et des chercheurs dans la régulation des données de l'énergie. L'État à travers la gestion de la donnée publique ne serait possiblement pas « le tiers de confiance légitime » pour traiter des ensembles des données mixtes de l'énergie, comprenant des données à caractère personnel et des données à caractère non personnel liées aux comportements et usages. D'où l'importance de recherches auprès de l'Université en synergie avec des opérateurs de la recherche comme le CNRS pour assurer ce rôle dans la gouvernance de ces ensembles. La neutralité de ces acteurs académiques leur permet de se positionner comme un tiers de confiance légitime, dans la mesure où ces acteurs sont porteurs des enjeux d'une science ouverte publique comme un bien commun, condition de démocratie, n'est pas partie prenante dans les dimensions commerciales, réglementaires ou intentionnelles.

Le règlement sur la gouvernance des données. Le règlement UE n° 2022/868 du Parlement européen et du Conseil du 30 mai 2022 portant sur la **gouvernance** européenne des données, *Digital Governance Act, « DGA »* est entré en vigueur le 24 septembre 2023. Son champ d'application couvre

15. Sur ce programme, https://www.cnrsatcreate.cnrs.fr/descartes/

autant les données à caractère non personnel que les données à caractère personnel, sans éclipser l'application du RGPD, avec les mêmes règles d'articulation que le règlement UE n° 2018/1807 sur le libre flux des données à caractère non personnel[16]. Le texte ne définit pas le terme de « gouvernance », mais il s'agit de mettre en place « un cadre harmonisé » comprenant des « exigences de base » pour « améliorer les conditions du partage des données dans le marché intérieur[17] ». Pour faciliter le partage des données de manière fiable et sécurisée, cet instrument intersectoriel réglemente la réutilisation des données publiques/détenues et protégées, en stimulant le partage de données grâce à la réglementation des intermédiaires de données nouveaux et en encourageant le partage de données à des fins altruistes.

L'observatoire des transitions énergétiques, un service d'intermédiaires de données ? Le service d'intermédiation de données est « un service qui vise à établir des relations commerciales à des fins de partage de données entre un nombre indéterminé de personnes concernées et de détenteurs de données, d'une part, et d'utilisateurs de données, d'autre part, par des moyens techniques, juridiques ou autres[18] ».

En pratique, les intermédiaires agissent comme des tiers neutres qui mettent en relation des individus et des entreprises avec des utilisateurs de données. Il s'agit d'un service de courtage entendu strictement, qui exclut : notamment, les services qui obtiennent des données auprès des détenteurs de données et les agrègent, les enrichissent ou les transforment afin d'en accroître substantiellement la valeur et concèdent une licence d'utilisation des données résultantes aux utilisateurs de données (Art. 2. 11 a DGA, plus connu sous le terme de *data brokers*) ; les services axés sur l'intermédiation de contenus protégés par le droit d'auteur (Art. 2. 11 b DGA) ; les services qui sont utilisés exclusivement par un seul détenteur de données pour lui permettre d'utiliser les données qu'il détient (Art. 2. 11 c DGA) ; les services pour le partage de données proposés par des organismes du secteur public qui ne cherchent pas à établir des relations commerciales (Art. 2. 11 d DGA).

Le considérant 28 du DGA donne quelques exemples de services d'intermédiation de données :

> « Les places de marché de données sur lesquelles les entreprises pourraient mettre des données à la disposition de tiers, les maîtres d'œuvre d'écosystèmes de partage de données ouverts à toutes les parties intéressées, par exemple dans le cadre d'espaces européens communs de données,

16. Règl. UE n° 2018/1807 du Parlement européen et du Conseil du 14 nov. 2018 établissant un cadre applicable au libre flux des données à caractère non personnel dans l'Union européenne, dit « libre flux de données », s'inscrit dans la continuité du RGPD, qui prévoit déjà la libre circulation des données à caractère personnel au sein de l'UE.
17. Cons. 3 DGA.
18. Art. 2. 11 DGA.

> ainsi que les réserves de données mises en place conjointement par plusieurs personnes morales ou physiques dans le but de concéder à toutes les parties intéressées des licences d'utilisation de ces réserves de données, de façon que tous les participants qui contribuent aux réserves de données reçoivent une contrepartie pour leur contribution. »

Cette qualification pourrait être intéressante pour l'OTE, sous réserve de satisfaire les objectifs de confiance, de neutralité et de sécurité. Dans ce sens, l'article 12 DGA fournit une liste de 15 exigences auxquelles doivent se soumettre les intermédiaires de données. Ils ne peuvent notamment pas tirer profit directement les données sur lesquelles ils agissent (Art. 12 a DGA), par exemple, en les vendant à une autre entreprise ou en les utilisant pour développer leur propre produit. En d'autres termes, les données et métadonnées acquises ne peuvent être utilisées que pour améliorer le service d'intermédiation de données. Selon ces mêmes objectifs, les intermédiaires de données doivent prendre les mesures appropriées pour assurer l'interopérabilité avec d'autres services d'intermédiation de données (Art. 12 i DGA).

L'observatoire des transitions énergétiques, une organisation altruiste en matière de données. La construction d'une économie européenne de la donnée fondée sur les principes de partage, de circulation des données et de respect des droits et libertés fondamentaux est accentuée par une valeur morale qui s'invite dans le texte du DGA : l'altruisme. Il s'agit selon l'article 2, paragraphe 16 DGA du « partage volontaire de données fondé sur le consentement donné par les personnes concernées au traitement de données à caractère personnel les concernant, ou l'autorisation accordée par des détenteurs de données pour l'utilisation de leurs données à caractère non personnel sans demander ni recevoir de contrepartie qui aille au-delà de la compensation des coûts qu'ils supportent lorsqu'ils mettent à disposition leurs données, pour des objectifs d'intérêt général prévus par le droit national, le cas échéant, par exemple les soins de santé, la lutte contre le changement climatique, l'amélioration de la mobilité, la facilitation du développement, de la production et de la diffusion de statistiques officielles, l'amélioration de la prestation de services publics, l'élaboration des politiques publiques ou la recherche scientifique dans l'intérêt général ». L'OTE pourrait être qualifié d'« **organisations altruistes en matière de données** » (OAD) et ainsi s'inscrire dans le mouvement de partage gratuit et volontaire des données qu'ils estiment utiles pour l'intérêt général. En effet, ces données ont un potentiel énorme pour faire progresser la recherche et développer des produits et services dans les domaines de la santé, de l'environnement et de la mobilité. Pour mettre en œuvre de l'altruisme en matière de données, il faut des outils de confiance pour encourager les OAD à partager facilement les données. Les données sont ensuite gérées par des organisations de confiance. Ainsi réunies en pool de données, leur quantité devient suffisante pour notamment réaliser des apprentissages automatiques. Les OAD doivent remplir de nombreuses obligations, telles que celle de transparence, de garantie de protection, les droits et les libertés des personnes sur leurs données, des exigences en matière d'information, de sécurité et des recommandations sur les normes d'interopérabilité. Après avoir rempli ces exigences, les OAD sont enregistrées dans un registre européen commun en tant qu'« organisations altruistes de données reconnues dans l'Union » et utilisent un logo commun. La loi n° 2024-449 du 21 mai 2024 visant à sécuriser et à réguler l'espace numérique (SREN) désigne la CNIL comme autorité compétence sur l'altruisme des données en France.

Synthèse

Propriété intellectuelle et droit public : de la cohabitation à l'articulation

BERTRAND WARUSFEL

Professeur à l'Université Paris 8, avocat au barreau de Paris

En 2007, la création de la nouvelle Agence du patrimoine immatériel de l'État (APIE) a contribué à faire reconnaître indirectement l'existence d'une propriété intellectuelle publique dont, pourtant, on ne trouve encore aucune trace dans le Code général de la propriété des personnes publiques. C'est qu'en réalité, la doctrine administrative et une partie importante de la jurisprudence ont ignoré ou minimisé l'importance des questions de propriété intellectuelle dans le champ du droit public.

Pourtant, c'est bien l'État (aujourd'hui représenté par l'un de ses établissements publics nationaux, l'Institut national de la propriété industrielle) qui examine les demandes de titres de propriété industrielle et qui délivre les brevets, marques, dessins et modèles (sans parler de l'Institut national de l'origine et de la qualité, INAO, qui délivre les appellations d'origine contrôlée françaises).

Il est donc doublement paradoxal que les aspects de droit public de la propriété industrielle ne soient pas ou peu étudiés, alors même que l'actualité juridique ne cesse de montrer à quel point différents aspects de l'intérêt général doivent être pris en compte en matière d'attribution de droits de propriété industrielle (comme en particulier les questions de bioéthique et de santé publique, ainsi que de libre accès à l'information, dans le domaine de la brevetabilité) tandis que les personnes publiques développent elles-mêmes des stratégies de propriété intellectuelle.

Le présent colloque a donc choisi de se consacrer à une question d'autant plus intéressante qu'elle a été jusqu'ici peu abordée par la doctrine et que la jurisprudence sur le sujet reste peu abondante[1].

I. L'EXISTENCE D'UNE PROPRIÉTÉ INTELLECTUELLE PUBLIQUE

Pendant longtemps, les personnes publiques (et donc le droit public) ont plus ou moins ignoré les droits de propriété intellectuelle, sans doute en raison de leur nature de droit privé, la puissance publique restant notamment relativement étrangère aux rapports économiques que régule la propriété intellectuelle. C'est ainsi qu'elle fut totalement absente pendant longtemps des dispositions du Code des marchés publics et qu'elle n'y apparut modestement que pour prévoir que la détention par un acteur économique privé d'un « droit exclusif » pourrait justifier, sous certaines conditions, le recours aux modalités dérogatoires de passation d'un marché négocié sans publicité ni mise en concurrence. L'adoption en 1978 du cahier des clauses administratives générales (CCAG) dédié aux marchés de prestations intellectuelles fut finalement l'occasion de faire se rencontrer, à propos de la question de l'utilisation des résultats de ces marchés, « les deux approches du marché soumis au droit public et des différents problèmes de la propriété intellectuelle, qui relèvent normalement du droit privé[2] ».

Mais cela n'a pas empêché que les personnes publiques soient soumises aux droits intellectuels des opérateurs privés, ni même qu'elles découvrent qu'elles pouvaient également en devenir les titulaires, dans des conditions qui – pour l'essentiel – relèvent du seul droit commun.

Cette soumission des institutions publiques au droit commun de la propriété intellectuelle s'est notamment manifestée de façon éclatante s'agissant du contentieux des droits de propriété intellectuelle. La loi de 1884 déjà avait en effet prévu que le juge civil puisse trancher les actions en nullité ou déchéance de brevet[3] et que le délit de contrefaçon soit jugé par le juge correctionnel[4].

1. Évoquons cependant la thèse fondatrice de C. Blaizot-Hazard, *Les Droits de propriété intellectuelle des personnes publiques en droit français*, LGDJ, 1991 ; plus récemment, notre article : B. Warusfel, « L'émergence d'un droit public de la propriété intellectuelle », *in* M. Conan et B. Thomas-Tual (dir.), *Les transformations du droit public*, La Mémoire du Droit, 2010, pp. 161-211. Mais on peut signaler aussi les thèses de J.-M. Bruguière, *La diffusion de l'information publique : le service public face au marché de l'information*, 1995, et d'É. Terrier, *Vers une nouvelle figure du droit d'auteur*, LGDJ, 2021.
2. H. Lesguillons, in *Les marchés publics de prestations intellectuelles*, Paris, Le Moniteur, 1982, p. 105.
3. Loi du 5 juill. 1844, art. 34.
4. *Id.*, art. 40.

La compétence exclusive des tribunaux judiciaires en matière de propriété intellectuelle est en effet bien établie par les textes, que ce soit en matière de propriété littéraire et artistique[5] ou s'agissant des droits de propriété industrielle : marques, dessins ou modèles[6] et brevets[7].

S'agissant de la délivrance de ces mêmes titres de propriété industrielle, l'article L. 411-4 CPI précise par ailleurs que « les cours d'appel désignées par voie réglementaire connaissent directement des recours formés contre (les) décisions » du directeur général de l'INPI.

La jurisprudence en a d'ailleurs fait une appréciation large en estimant que cette compétence judiciaire d'attribution devait également s'étendre aux actions en responsabilité engagées à l'encontre du directeur général de l'INPI du fait des fautes pouvant être commises dans la procédure d'examen et de délivrance des titres de propriété industrielle[8]. De même, il a été jugé par le Tribunal des conflits qu'un litige relatif à l'exécution d'un contrat administratif portant sur l'exploitation d'un brevet relevait des juridictions judiciaires, par application de l'article L. 615-17 CPI précité[9]. Enfin, ce même Tribunal des conflits a jugé s'agissant de marchés publics que, par dérogation à leur qualification législative de contrat administratif,

> « les litiges nés de leur exécution ou de leur rupture relèvent de la compétence du juge administratif, la recherche de la responsabilité contractuelle des personnes morales de droit public en matière de propriété littéraire et artistique[10] ».

En revanche, quelques décisions préservent des compétences résiduelles du juge administratif lorsque l'objet du litige ne porte pas directement sur les procédures d'obtention des droits de propriété industrielle, qu'il s'agisse par exemple de la légalité d'une clause de propriété intellectuelle insérée dans le règlement intérieur d'un laboratoire du CNRS[11], du statut juridique d'un inventeur[12], du refus de l'INPI d'accepter de recevoir et de rendre accessible au public une traduction d'un brevet européen[13] ou encore du pouvoir d'ordonner

---

5. « Les actions civiles et les demandes relatives à la propriété littéraire et artistique, y compris lorsqu'elles portent également sur une question connexe de concurrence déloyale, sont exclusivement portées devant des tribunaux judiciaires, déterminés par voie réglementaire » (Art. L. 331-1 CPI).
6. Art. L. 521-3-1 CPI.
7. Art. L. 615-17 CPI.
8. Com. 13 mai 1997, n° 95-13841, *PIBD* 1997. III. 423 ; T. confl. 5 juin 2000, req. n° 00-03188.
9. T. confl. 6 juin 1989, *Veuve Losfeld*, D. 1990. 151. Dans le même sens : Com. 11 mars 2014, n° 12-28.036.
10. T. confl. 7 juill. 2014, req. n° C3955.
11. CE, 4ᵉ et 5ᵉ ss-sect., 22 févr. 2010, req. n° 320319.
12. CE 5 sept. 2001, *M. Guiavarc'h*, note B. Warusfel, *Propr. intell.* 2002, n° 5, p. 76-78.
13. Paris, pôle 5, 1ʳᵉ ch., 26 mai 2010.

des mesures réparatrices du dommage commis par une personne publique à l'encontre des droits d'un créateur[14].

Mais, si les personnes publiques ont dû accepter d'être soumises aux effets des droits intellectuels des personnes privées et, en la matière, de se soumettre au contrôle des juridictions civiles, elles ont en revanche vu le droit de la propriété intellectuelle accueillir de plus en plus des dispositions protégeant les impératifs d'intérêt général qu'elles ont mission de protéger et de mettre en œuvre.

II. LA PRISE EN COMPTE DE L'INTÉRÊT GÉNÉRAL DANS LA PROPRIÉTÉ INTELLECTUELLE

La prise en compte de l'intérêt général dans les lois de propriété intellectuelle a sans doute contribué à ce que le droit public accepte, d'assez bonne grâce, l'essor de ces droits privatifs. Yves Gaubiac a pu par exemple écrire que « l'intérêt général apparaît comme le moteur qui détermine l'introduction du droit d'auteur[15] ».

Il est vrai que le Code de la propriété intellectuelle, ayant pour logique de définir pour chaque droit concerné différents critères de protection, mais aussi une liste d'exceptions à cette même protection, l'exercice était ainsi facilité dans la mesure où ces impératifs d'intérêt général se traduisent fréquemment par des exceptions particulières au droit du titulaire.

On peut en retenir quelques exemples. Ainsi en droit d'auteur, l'article 122-5 CPI réserve depuis longtemps la possibilité de « diffusion, même intégrale, par la voie de presse ou de télédiffusion, à titre d'information d'actualité, des discours destinés au public prononcés dans les assemblées politiques, administratives, judiciaires ou académiques, ainsi que dans les réunions publiques d'ordre politique et les cérémonies officielles[16] ». Mais plus récemment (et notamment sous l'influence de la directive du 21 mai 2004, aujourd'hui modifiée par la directive du 17 avril 2019), on y retrouve également des dispositions en faveur de la recherche scientifique et de l'enseignement[17] ou encore des bibliothèques, des archives et des centres de documentation[18].

Plus indirectement, on peut considérer aussi que les grandes exceptions classiques au droit de l'auteur que sont la courte citation, la représentation dans le cercle de famille et – plus encore – la copie à usage privé traduisent aussi une certaine exigence d'équilibre entre les droits des auteurs et ceux des

14. T. confl. 5 sept. 2016, req. n° 406955.
15. Y. Gaubiac, « Droit d'auteur et intérêt général », *Propr. intell.* 2010, n° 38, p. 814.
16. Art. L. 122-5 CPI, 3°(c).
17. *Id.*, 3°(e).
18. *Id.*, 7°.

usagers des œuvres créatives, ce qui relève d'une politique publique en faveur du droit à l'information et de l'accès à la culture.

Dans un autre domaine, le régime des droits de brevet prend aussi en compte différents aspects de l'intérêt public. Cela ressort en particulier des nombreuses exceptions visées aux articles L. 611-16 à L. 611-18 CPI qui restreignent le domaine de la brevetabilité pour respecter les impératifs de santé publique ou les règles de la bioéthique. Mais c'est également l'exclusion des « découvertes ainsi que les théories scientifiques et les méthodes mathématiques » qui vise déjà à préserver le domaine public et la liberté scientifique[19].

Mieux encore, le Code de la propriété intellectuelle autorise l'État et ses services en charge de la technologie au sein du ministère des Armées (en l'occurrence la Direction générale de l'armement) à effectuer un examen préalable de toutes les demandes de brevet déposées à l'INPI[20] et de mettre au secret celles d'entre elles qui présenteraient un intérêt pour la défense nationale[21].

Le droit des marques n'est pas non plus exempt de cette nécessité de concilier les droits de propriété industrielle avec les exigences liées à l'exercice de la puissance publique. Ainsi le développement important des politiques de valorisation des signes distinctifs des collectivités et des services publics[22] a-t-il poussé le législateur à renforcer les droits des collectivités publiques face aux tentatives d'enregistrement par des tiers de signes proches et pouvant prêter à confusion avec leurs dénominations officielles. Il est notamment possible de former opposition à une demande de marque si celle-ci porte atteinte au « nom, [à] l'image ou la renommée d'une collectivité territoriale ou d'un établissement public de coopération intercommunale », ou encore au « nom d'une entité publique, s'il existe un risque de confusion dans l'esprit du public[23] ». Par ailleurs, toute collectivité territoriale ou tout établissement public de coopération intercommunale peut demander à l'Institut national de la propriété industrielle d'être alertée du dépôt par un tiers d'une demande d'enregistrement d'une marque contenant sa dénomination[24].

Mais le cas le plus intéressant et dans lequel a été poussée le plus loin la nécessité d'adapter les règles de la propriété intellectuelle aux nécessités de l'action publique est celui du droit d'auteur portant sur les créations réalisées par les agents publics dans le cadre de l'accomplissement de leurs fonctions au sein des collectivités publiques. Jusqu'en 2006, on connaissait déjà quelques aménagements du régime des inventions réalisées par des agents publics. On leur appliquait bien les règles fixées par l'article L. 611-7 CPI concernant

19. Art. L. 611-10 CPI.
20. Art. L. 612-8 et L. 612-9 CPI ainsi que R. 612-26 à R. 612-32 CPI.
21. Art. L. 612-10 CPI.
22. V. not. « Les marques publiques », Fichier n° 8, APIE, 2022.
23. Art. L. 712-4 CPI.
24. Art. 712-2-1 CPI.

les inventions de mission ou les inventions hors mission attribuables[25], mais certaines catégories de chercheurs publics inventeurs (notamment les universitaires et les chercheurs des centres de recherche publics) bénéficiaient de l'attribution d'une rémunération complémentaire particulièrement favorable, afin de les inciter à innover et à inciter leurs administrations à breveter leurs inventions et à les valoriser[26].

C'est la loi DADVSI précitée de 2006 qui a articulé les règles classiques du droit d'auteur avec la réalité de la vie administrative et du travail des agents publics. Pour ce faire, le législateur a modifié le vénérable article L. 111-1, alinéa 3 du CPI qui accorde la propriété de l'œuvre à la personne physique qui en est l'auteur. Désormais, cet article fondamental nous confirme spécifiquement qu'il

> « n'est pas non plus dérogé à la jouissance de ce même droit lorsque l'auteur de l'œuvre de l'esprit est un agent de l'État, d'une collectivité territoriale, d'un établissement public à caractère administratif, d'une autorité administrative indépendante dotée de la personnalité morale ou de la Banque de France ».

Voici donc levé le doute, jusqu'alors conservé, sur la qualité d'auteur des agents publics produisant des créations dans le cadre de leurs activités administratives. Mais pour autant, il fallait préserver les exigences du service public en faisant en sorte que le droit reconnu à l'agent n'empêche pas l'exploitation de son œuvre par son employeur public aux fins de mettre en œuvre ledit service public. C'est cet équilibre délicat qu'est venu consacrer tout d'abord l'article L. 121-7-1 CPI qui a restreint le droit moral de l'agent (au même niveau que celui des créateurs de logiciel) et l'empêche de modifier son œuvre.

Mais c'est surtout l'article L. 131-3-1 du CPI qui a prévu que dans la limite de « ce qui est nécessaire à l'accomplissement d'une mission de service public », le droit d'exploitation des œuvres ainsi créées par des agents publics soit cédé de plein droit à la personne publique. Au-delà des besoins du service, c'est ensuite un mécanisme de droit de préférence qui reste reconnu à l'employeur pour une éventuelle exploitation commerciale.

Avec ce dispositif qui cherche un équilibre difficile à établir entre les nécessités du droit public et les droits intellectuels, on appréhende bien comment peut naître et se développer un droit public de la propriété intellectuelle : un droit qui respecte les principes essentiels de ce domaine juridique, mais qui les

25. « Les dispositions du présent article sont également applicables aux agents de l'État, des collectivités publiques et de toutes autres personnes morales de droit public, selon des modalités qui sont fixées par décret en Conseil d'État » (Art. L. 611-7 5 CPI).
26. Ce mécanisme d'intéressement des chercheurs est prévu à l'article R. 611-14-1 CPI. Il est complété par une disposition similaire concernant l'intéressement des chercheurs publics auteurs de logiciels originaux et de tous autres « travaux valorisables ».

combine à chaque fois que cela est nécessaire avec les spécificités de l'action publique dans ses différentes dimensions.

On peut alors, comme le programme du colloque de Grenoble nous y incitait, s'interroger sur le point de savoir comment pourrait se structurer un tel droit public de la propriété intellectuelle.

III. RENDRE PLUS VISIBLES DES ASPECTS DE DROIT PUBLIC DANS LA PROPRIÉTÉ INTELLECTUELLE

On peut imaginer plusieurs voies pour rendre plus visible un droit public de la propriété intellectuelle qui est déjà sous-jacent dans certains domaines.

Au premier niveau, on pourrait s'attacher à accroître la cohérence des adjonctions de droit public au droit de la propriété intellectuelle. Lors par exemple de la préparation des dispositions précitées de la loi DADVSI, il a été pertinent de commencer par réaffirmer le principe de la dévolution personnelle des droits d'auteur dans l'article L. 111-1 CPI avant d'y introduire, à titre dérogatoire, une règle spéciale touchant le cas des créateurs agents publics. De ce fait, le régime particulier du droit d'auteur des agents publics ne crée pas de perturbation conceptuelle dans l'ordonnancement des règles essentielles de la propriété littéraire et artistique. En la matière, la loi est même allée encore plus loin en prévoyant une sous-exception afin de préserver la disposition pleine et entière des droits d'auteur par une catégorie particulière d'agents publics qui ne sont soumis « à aucun contrôle préalable de l'autorité hiérarchique[27] ».

Un autre exemple d'articulation utile peut se retrouver dans le Code de la commande publique dont l'article R. 2122-3 CCP (3°) vise désormais explicitement les « droits de propriété intellectuelle » comme faisant « notamment » partie des « droits d'exclusivité » justifiant la passation sans publicité ni mise en concurrence[28]. Alors que dans les versions antérieures du Code des marchés publics, seule la notion mal définie de « droits exclusifs » était visée, ce renvoi explicite à la propriété intellectuelle clarifie les choses et renforce, du même coup, la sécurité juridique des contrats de la commande publique.

Mais on pourrait avoir pour projet d'aller plus loin et envisager de rapatrier au sein du Code de la propriété intellectuelle des dispositions disparates qui en

---

27. Art. L. 111-1 CPI préc., *in fine*. On classe dans cette catégorie d'agents publics bénéficiant d'une indépendance particulière dans l'exercice de leurs missions et de leur expression les professeurs des universités et les magistrats, dont l'indépendance est constitutionnellement reconnue.
28. Sur cette notion d'exclusivité et son lien avec les droits de propriété intellectuelle, v. not. L. Richer, « Droit exclusif et commande publique », *in* M. Chagny, H. Le Nabasque, B. Lecourt, H. Matsopoulou (dir.), *Mélanges en l'honneur du Professeur Gilbert Parleani*, IRJS Éditions, 2021.

sont actuellement absentes. Mentionnons par exemple l'article 45-2 du Code des postes et communications électroniques qui prohibe l'enregistrement d'un nom de domaine national s'il est « susceptible de porter atteinte à des droits de propriété intellectuelle[29] ».

Plus clairement encore, pensons aux dispositions du décret du 2 octobre 1996 qui avait été pris en application de la loi sur l'innovation de 1996[30] et qui organise un nouveau mécanisme original d'intéressement des chercheurs publics réalisant des créations non brevetables (logiciels ou « travaux valorisés »). Plus récemment, on peut s'interroger sur la raison qui a poussé l'administration à ne pas codifier les nouvelles dispositions réglementaires élargissant le périmètre de cet intéressement aux chercheurs qui créent des logiciels sans être ni salariés ni agents publics[31], alors que le principe de cet intéressement reçu en contrepartie de la dévolution des droits sur le logiciel à l'organisme de recherche d'accueil a été – en ce qui le concerne – inscrit à l'article L. 113-9-1 CPI.

Un autre exemple de l'intérêt qu'il pourrait y avoir à rapatrier dans le Code de la propriété intellectuelle certaines dispositions dérogatoires issues du droit public est l'article L. 321-3 du Code des relations du public avec l'administration (CRPA). Cette disposition, issue de la loi « Lemaire » sur une République numérique[32], n'est pas anodine puisqu'elle constitue une nouvelle dérogation au droit exclusif du producteur de bases de données, dans le cas d'une réutilisation du contenu des bases de données que des administrations publient en application du 3° de l'article L. 312-1-1 du CRPA. Il serait logique que – comme pour les autres droits de propriété intellectuelle ou droits voisins – toutes les dérogations justifiées par des raisons d'intérêt public soient regroupées dans le même code.

Certes, dans ce dernier cas, on pourra objecter que la dérogation vise d'abord à préciser les conditions d'accès aux bases de données publiques régies par le CRPA et que cela justifie tout autant sa présence dans ce dernier code de droit public. Mais, même dans un tel cas, il reste encore la possibilité d'organiser un renvoi législatif de la disposition concernée dans les deux codes intéressés. On se rappelle ainsi que l'article L. 621-1 du CPI renvoie à la disposition de l'article correspondant du travail dans les termes suivants :

> « Les peines frappant la violation des secrets de fabrique sont prévues à l'article L. 1227-1 du Code du travail ci-après reproduit. »

29. Art. 45-2 CPCE, 2°.
30. Décr. n° 96-858 du 2 oct. 1996.
31. Décr. n° 2023-772 du 11 août 2023 relatif à l'intéressement des auteurs de logiciels non salariés ni agents publics accueillis par une personne morale de droit public réalisant de la recherche dont les personnels permanents sont des agents publics.
32. Créé par l'art. 11 de la loi n° 2016-1321 du 7 oct. 2016.

Allant plus loin, on pourrait utilement envisager la possibilité de regrouper ces différentes dispositions de droit public touchant la propriété intellectuelle dans une partie autonome du code éponyme. Une telle subdivision existe déjà – curieusement – sous la forme d'un chapitre unique couvrant les articles L. 731-1 à L. 131-4 CPI et intitulée « indications relatives aux services publics ». Certes, ce chapitre ne concerne que quelques dispositions relatives aux « dessins, coordonnées, références ou autres signes distinctifs relatifs à un service public » dont l'usage non autorisé nécessite une autorisation administrative préalable. Mais un élargissement et une reformulation du titre de ce chapitre pourraient facilement accueillir toutes les dispositions spécifiquement liées aux activités publiques et susceptibles de déroger aux différentes règles de propriété intellectuelle ou de les compléter en cohérence avec les principes du droit public.

En conclusion, et comme les travaux de ce colloque l'ont bien mis en lumière, il n'existe pas de réel fossé entre les différentes branches du droit public (droit administratif, commande publique, domanialité et finances publiques, principalement) et les règles de droit privé assurant la réservation privative des productions intellectuelles. En revanche, l'articulation concrète entre ces branches du droit reste complexe et source d'insécurité juridique pour les praticiens. De la même manière que l'établissement d'un véritable bloc de compétence judiciaire facilite la cohérence de la jurisprudence, un regroupement des textes concernés améliorerait déjà la compréhension et la bonne articulation de ces règles issues souvent de législations peu ou pas coordonnées entre elles. Allant plus loin, ces mesures de clarification pourraient aussi favoriser à l'avenir le développement d'une véritable doctrine de l'action publique immatérielle.

Déjà parus dans la série
« La propriété intellectuelle autrement »

L'émergence d'un droit des données, J.-M. Bruguière (dir.), 2023.

Investissement et propriété intellectuelle, C. Le Goffic (dir), 2023.

La para-propriété intellectuelle, J.-M. Bruguière (dir.), 2022.

Le Code de la Propriété intellectuelle en 10 articles,
A. Favreau (dir.), 2021.

La propriété intellectuelle renouvelée par le numérique,
B. Gleize et A. Maffre Baugé (dir.), 2020.

La propriété intellectuelle en partage, A. Robin (dir.), 2020.

*L'articulation des droits de propriété intellectuelle
et du droit de la concurrence*,
P. Tréfigny et J-M. Bruguière (dir.), 2020.

Les standards de la propriété intellectuelle, J.-M. Bruguière (dir.), 2018.

*La propriété intellectuelle dans les droits du marché
et de la rivalité concurrentielle*, J.-M. Bruguière (dir.), 2016.

L'entreprise et la titularité des droits de propriété intellectuelle,
J.-M. Bruguière (dir.), 2015.

*L'entreprise à l'épreuve du droit de l'Internet.
Quid novi ?* J.-M. Bruguière (dir.), 2014.

Les contrats de la propriété intellectuelle, J.-M. Bruguière (dir.), 2013.

Les modes alternatifs de règlement des litiges de propriété intellectuelle,
J.-M. Bruguière (dir.), 2012.

L'articulation des droits de propriété intellectuelle,
J.-M. Bruguière (dir.), 2011.

La propriété intellectuelle entre autres droits,
J.-M. Bruguière (dir.), 2009.

Quels droits pour les artistes du spectacle,
M. Vivant, N. Mallet-Poujol et J.-M. Bruguière (dir.), 2009.

Droit d'auteur et culture, J.-M. Bruguière (dir.), 2007.

*Propriété intellectuelle et mondialisation.
La propriété intellectuelle est-elle une marchandise ?*,
M. Vivant (dir.), 2004

FSC
www.fsc.org
MIXTE
Papier | Pour une gestion forestière responsable
FSC® C022829

7233072 (I) OSB 80 – PCA – (JB)
Achevé d'imprimer en mars 2025
sur les presses de la Nouvelle Imprimerie Laballery
58500 Clamecy
Dépôt légal : avril 2025 – N° d'impression : 503099

Imprimé en France